با نام عشق

سریال کتاب: P2145310032

سرشناسه :LTF ۲۰۲۱

عنوان: روش نوین مبانی اجرای موسیقی

نویسنده: شریف لطفی

شابک کانادا: ISBN 978-1-989880-55-5

موضوع: موسیقی، تئوری مبانی موسیقی

مشخصات کتاب: صحافی مقوایی، سایز ۵.۸ x۸.۳

تعداد صفحات: ۲۰۰

تاریخ نشر در کانادا: نوامبر ۲۰۲۱

تاریخ نشر اولیه: ۱۳۸۶

Kidsocado Publishing House

خانه انتشارات کیدزوکادو

ونکوور، کانادا

تلفن: +۱ (۸۳۳) ۶۳۳ ۸۶۵۴

واتس آپ: +۱ (۲۳۶) ۳۳۳ ۷۲۴۸

ایمیل: info@kidsocado.com

وبسایت انتشارات: https://kidsocadopublishinghouse.com

وبسایت فروشگاه: https://kphclub.com

سلام هم زبان

دستیابی ایرانیان مقیم خارج از کشور به کتاب های بسیار متنوع و جدیدی که به تازگی در ایران نگاشته و چاپ می شود، محدود است. ما قصد داریم این خدمت را به فارسی زبانان دنیا هدیه دهیم تا آنها بتوانند مانند شما با یک کلیک در آمازون یا دیگر انتشارات آنلاین کتاب هایی در زمینه های مختلف را خریداری کنند و درب منزل تحویل بگیرند.

خانه انتشارات کیدزوکادو تحت حمایت مجموعه آموزشی کیدزوکادو این افتخار را دارد تا برای اولین بار کتاب های با ارزش فارسی را که با زبان فارسی نگارش شده است از شرکت های انتشاراتی بزرگ آن لاین مانند آمازون و ایی بی بارنز اند نابل و هم چنین وبسایت خود انتشارات در اختیار ایرانیان مقیم خارج از ایران قرار دهد.

از اینکه توانستیم کتابهای جدید و با ارزشی که به قلم عالی نویسنده گان و نخبگان خوب ایرانی نگاشته شده است را در اختیار شما قرار دهیم بسیار احساس رضایتمندی داریم

این کتاب ها تحت اجازه مستقیم نویسنده و یا انتشارات کتاب صورت گرفته و درآمد حاصله بعد از کسر هزینه ها، به نویسنده پرداخته می شود.

خانه انتشارات کیدزوکادو در قبال مطالب داخل کتاب هیچگونه مسئولیتی ندارد و صرفاً به عنوان یک پخش کننده است.

و شما خواننده عزیز ما را با گذاشتن نظرات در وب سایتی که کتاب را تهیه کرده اید به این کار فرهنگی دلگرمتر کنید.

روش نوین
مبانی اجرای موسیقی

نویسنده: شریف لطفی

دانشگاه هنر

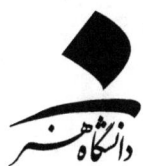

فهرست **صفحه**

مقدمه ناشر چاپ اول .... ث
مقدمه ناشر چاپ دوم .... ث
مقدمه ناشر.. ج
قدردانی .... چ
نکاتی چند در مورد این کتاب.. ح
سرآغاز.. ۱
۱ ـ شنوایی تقلیدی - تقلید ریتم.. ۴
۲ ـ شنوایی تقلیدی - تقلید اصوات موسیقایی.. ۶
۳ ـ آشنایی با ریتم و ضرب.. ۸
۴ ـ تداوم و تقسیمات ارزش زمانی نت سیاه ۱۰
۵ ـ آشنایی با اصوات موسیقایی.. ۱۳
۶ ـ نت‌خوانی.. ۱۶
۷ ـ اصوات موسیقایی هفتگانه در خطوط حامل (۱) ۱۸
۸ ـ آشنایی با خط ریتم.. ۲۱
۹ ـ الگوهای ریتم ساده بدون سکوت (۱) ۲۴
۱۰ ـ اصوات موسیقایی هفتگانه در خطوط حامل (۲) ۲۶
۱۱ ـ تقلید اصوات گام «دوماژور» ۲۸
۱۲ ـ الگوهای ریتم ساده بدون سکوت (۲) ۲۹
۱۳ ـ تداوم و تقسیمات ارزش زمانی نت سیاه نقطه‌دار.. ۳۱

ب

۱۴ ـ سرایش ذهنی گام دوماژور ۳۵
۱۵ ـ نقش سکوت‌ها در روند اجرای موسیقی ۳۷
۱۶ ـ الگوهای ریتم ساده با سکوت (۱) ۴۰
۱۷ ـ سنجش زیر و بمی متصل اصوات در تنالیته دوماژور (۱) ۴۳
۱۸ ـ الگوهای ریتم ترکیبی بدون سکوت (۱) ۴۷
۱۹ ـ اصوات موسیقایی هفتگانه در خطوط حامل (۳) ۵۱
۲۰ ـ الگوهای ریتم ترکیبی باسکوت (۱) ۵۴
۲۱ ـ اصوات موسیقایی هفتگانه در خطوط حامل (۴) ۵۶
۲۲ ـ اختلاط ریتم‌ها و اصوات موسیقایی (۱) ۶۰
۲۳ ـ آشنایی با نظریه جاذبه اصوات ۶۸
۲۴ ـ الگوی جاذبه اصوات دوماژور (۱) ۷۱
۲۵ ـ اصوات موسیقایی هفتگانه در خطوط حامل (۵) ۷۵
۲۶ ـ الگوهای ریتم ساده بدون سکوت (۳) ۷۸
۲۷ ـ سنجش زیر و بمی متصل اصوات در تنالیته دوماژور (۲) ۸۲
۲۸ ـ الگوهای ریتم ساده باسکوت (۲) ۸۴
۲۹ ـ اصوات موسیقایی هفتگانه در خطوط حامل (۶) ۸۶
۳۰ ـ الگوهای ریتم ترکیبی بدون سکوت (۲) ۸۸
۳۱ ـ الگوهای جاذبه اصوات دوماژور (۲) ۹۰
۳۲ ـ الگوهای ریتم ترکیبی با سکوت (۲) ۹۴
۳۳ ـ خط اصوات در تنالیته دوماژور (۱) ۹۶
۳۴ ـ الگوهای ریتم ترکیبی بدون سکوت (۳) ۹۸
۳۵ ـ سنجش زیر و بمی متصل اصوات در تنالیته دوماژور (۳) ۱۰۰
۳۶ ـ الگوهای ریتم ساده باسکوت (۳) ۱۰۲
۳۷ ـ خط اصوات در تنالیته دوماژور (۲) ۱۰۴
۳۸ ـ الگوهای ریتم ترکیبی باسکوت (۳) ۱۰۶
۳۹ ـ آشنایی با ردیف آلتره‌های دیز و بمل ۱۰۸

40 ـ ردیف آلتره‌های دیز (1)	110
41 ـ اصوات موسیقایی هفتگانه در خطوط حامل (7)	112
42 ـ خط اصوات در تنالیته دوماژور (3)	114
43 ـ ردیف آلتره‌های دیز (2)	117
44 ـ اجزای الگوهای ریتم (1)	120
45 ـ اصوات تنالیته دوماژور روی خط ریتم (1)	125
46 ـ الگوزنی جاذبه اصوات در تنالیته‌های ماژور	127
47 ـ الگوی جاذبه اصوات «سل‌ماژور»	130
48 ـ خط اصوات در تنالیته‌های مینور	133
49 ـ خط اصوات در تنالیته لامینور (1)	134
50 ـ ردیف آلتره‌های بمل (1)	137
51 ـ الگوی جاذبه اصوات «فاماژور»	140
52 ـ خط اصوات در تنالیته «می‌مینور» (1)	143
53 ـ ردیف آلتره‌های بمل (2)	146
54 ـ اختلاط ریتم‌ها و اصوات موسیقایی (2)	150
55 ـ خط اصوات در تنالیته لامینور (2)	157
56 ـ خط اصوات در تنالیته «سل‌ماژور»	160
57 ـ خط اصوات در تنالیته «رمینور» (1)	163
58 ـ اصوات تنالیته «دوماژور» روی خط ریتم (2)	166
59 ـ خط اصوات در تنالیته «می‌مینور» (2)	168
60 ـ خط اصوات در تنالیته «فاماژور»	170
61 ـ آلتره‌های «بکار» در تنالیته‌های «دیزدار» و «بمل‌دار»	172
62 ـ خط اصوات در تنالیته «رمینور» (2)	174
63 ـ اجزای الگوهای ریتم (2)	176
64 ـ خط اصوات در تنالیته دوماژور (4)	181
65 ـ اختلاط ریتم‌ها و اصوات موسیقایی (3)	183

به نام یگانه هستی بخش

مقدمه ناشر (چاپ اول)

کتاب حاضر، بخش نخست از مجموعه (مبانی و اصول اجرای موسیقی) و نتیجه تجارب چندین ساله و ثمربخش مؤلف محترم کتاب، جناب آقای شریف لطفی است.

موجب مباهات است که دانشگاه هنر به مدد اساتید و هنرمندان متعهد و متخصص خود، توانسته است در طی چندین سال گذشته، گامی مؤثر و نویدبخش در زمینهٔ نشر و اشاعهٔ اصول و مبانی دانشگاهی هنرهای تجسمی، کاربردی، دراماتیک و موسیقی، بردارد.

امید آنکه در پرتو عنایات الهی و توجهات ارباب هنر و اندیشه، پویش و زایش ـ چون همیشه ـ زینت‌بخش فضای علمی دانشگاه هنر باشد.

پروین پرتوی
معاون پژوهشی دانشگاه

مقدمه ناشر (چاپ دوم)

تألیف و تدوین کتاب‌های آموزشی از مهم‌ترین گام‌هایی است که هر دانشگاه و مؤسسه علمی و پژوهشی در جهت تحقق اهداف خویش و بالمآل توسعه جامع در کشور برمی‌دارد.

در این رهگذر دانشگاه هنر تاکنون کتاب‌های متعددی در موضوعات گوناگون هنر منتشر نموده است.

کتاب حاضر که از جمله معدود کتاب‌های پایه‌ای و آموزشی در زمینه اصول اجرای موسیقی می‌باشد حاصل تجربه‌های مفید چندین ساله و نیز فعالیت‌های آموزشی گسترده نویسنده محترم است که اولین چاپ آن مورد استقبال دانشجویان، علاقه‌مندان به یادگیری موسیقی و جامعه هنری کشور قرار گرفت.

خوشبختانه این کتاب به عنوان کتاب سال جمهوری اسلامی ایران در سال ۱۳۸۲ برگزیده شد.

دانشگاه هنر ضمن تبریک این موفقیت به استاد گرامی جناب آقای شریف لطفی، اقدام به تجدید چاپ این اثر می‌نماید تا دانشجویان عزیز و همه علاقه‌مندان به آموزش موسیقی به راحتی به آن دست یابند و از آن بهره‌مند شوند.

سیدحسن شهرستانی
معاون پژوهشی دانشگاه

مقدمه ناشر

نویسندگی، اهدای اعتبار و فرزانگی به مخاطبان کتاب است که ریشه در مسؤولیت‌پذیری، میل به اعتلاء و مشارکت عقلایی نویسنده در توسعه جامعه دارد. بنابراین کتاب، تنها مجلدی مشتمل بر صفحات نوشته‌شده، مصور و چاپ‌شده‌ی حاوی محتوا نبوده، بلکه دارای کارکردهای دانشگاهی، اجتماعی، سمیولوژیکال و نیز اقتصادی است. دراین مقام، می‌توان کتاب را نه تنها ابزاری در دست نویسنده برای شکل‌دهی جامعه دانست که آن را همچنین می‌توان ابزاری در اختیار اعضای جامعه مخاطب دانست که آگاهانه و در قرائتی فردی شده از کتاب، از آن در تکوین و توسعه رشد خود استفاده نمایند. به عبارت دیگر، اگرچه نویسندگان ابزارهای مورد نیاز جامعه را فراهم می‌آورند لیکن در عین حال، شیوه استفاده از این ابزارها در اختیار خود مخاطبان است. بنابراین هر چقدر جامعه‌ای برخوردار از ابزارهای متنوع و با کیفیت بیشتری در جعبه توسعه فکری و فرهنگی خود باشد می‌توان انتظار داشت که پیکر خردمندانه‌تری از کالبد فکری و فرهنگی خود تراوش خواهد داد. معاونت پژوهش و فناوریِ دانشگاه هنر بر آن است ابزارهای مناسب و درخوری را در جعبه ابزار توسعه فکری و هنری عاشقان فرهیختگی قرار دهد.

ویراست جدید کتابِ «روش نوین مبانی اجرای موسیقی» به قلم استاد ارجمند؛ جناب آقای دکتر شریف لطفی، با نقد روش‌های ناکارآمد ولی رایج آموزش سلفژ در ایران، شیوه جدیدی را برای سرایش و تربیت شنوایی موسیقی ارائه کرده است.

محمد رزاقی

معاون پژوهش و فناوری دانشگاه هنر

قدردانی

نظریه و مباحث کتاب حاضر، حدود بیست سال گذشته، نخست به صورت شفاهی در کلاس‌های خصوصی، توسط نگارنده تدریس شده است.

آقای مهدی جوانفر که از فراگیرندگان دوره‌های آغازین این روش نوین آموزشی بوده‌اند. با علاقه و تلاش فراوان در شکل‌گیری پایه‌ای این کتاب نقش مؤثر و مفیدی ایفا نمودند.

آقای حمیدرضا دیبازر نه‌تنها در نگارش نت‌های چاپ اول کتاب حاضر با اشتیاق وافر و دقت بسیار کوشیدند بلکه هوشمندانه و صبورانه تمامی مراحل چاپ اول آن را نیز زیر نظر دقیق و موشکافانه خود قرار دادند. ایشان برای فراگیری تمامی موارد و مباحث این روش نوین آموزشی همواره، دقیق و ساعی بوده‌اند.

خانم لی‌لی فرهادی برای ترسیم اشکال چاپ اول، خانم فرنوش فصیحی برای صفحه‌آرایی و خانم مه‌بانو اشتری برای نت‌نگاری چاپ سوم و خانم محبوبه گودرزی برای ارائه ایده و اجرای طرح جلد و خانم پردیس واهب زاده برای تایپ تصحیحات متن و نت ها در چاپ پنجم کتاب، با مهر فراوان یاری نمودند.

همکاران عزیز در حوزه‌ی معاونت محترم پژوهشی دانشگاه هنر صبورانه، تمامی مراحل چاپ این کتاب را پیگرانه اقدام نمودند.

برای فرد فرد این عزیزان، برخورداری همواره از نعمت سلامتی و توفیق روزافزون، از خداوند متعال آرزومندم.

شریف لطفی

نکاتی چند در مورد این کتاب

امروزه برای آموزش «مبانی اجرای موسیقی»[1] شیوه‌هایی چند در ایران رایج است و معلمان دروس به اصطلاح سلفژ و دیکته موسیقی با بهره‌گیری از تعداد معدودی کتاب و جزوه خارجی (که تاریخ نگارش بعضی از آنها از نیم قرن هم بیشتر است) به آموزش هنرجویان موسیقی می‌پردازند. این شیوه‌های آموزشی به دلیل طولانی بودن زمان آموزش آنها و نیز عدم ارائهٔ کلید کار هیچ‌گاه نتوانسته‌اند ارتباط درستی با هنرجویان برقرار کنند. به عبارت دیگر، آموزش این درس اصولی و زیربنایی موسیقی از طریق شیوه‌های موجود نتوانسته است اعتماد و اطمینان اجرایی لازم را در تعداد بسیاری از فراگیرندگان این هنر، برای سرایش (سلفژ کردن) و یا تربیت شنوایی (دیکته موسیقی) به وجود آورد.

روش نوین آموزش «مبانی اجرای موسیقی» ارائه شده در این کتاب حاصل پژوهش و تحقیقات نگارنده از سال ۱۳۵۲ به بعد است که نخست به صورت تئوری تدوین شد و از حدود سال ۱۳۶۰ تاکنون توسط وی و متعاقباً برخی از شاگردان برجستهٔ این روش نوین آموزشی، در کلاس‌های مربوط تدریس شده است.

کتاب موجود بخش نخست از مجموعه «مبانی و اصول اجرای موسیقی» است؛ که تنها به موارد گوناگون «مبانی اجرای موسیقی» (یعنی سرایش و تربیت شنوایی) پرداخته است. بخش بعدی این مجموعه حاوی مباحث و موارد متنوع در ارتباط با چگونگی رعایت و انجام «اصول اجرای موسیقی» است که متعاقباً در کتاب دیگر ارائه خواهد شد.

---

۱. سرایش و تربیت شنوایی (سلفژ و دیکته موسیقی).

سرآغاز

انتقال خصایص موروثی از نسلی به نسل دیگر از طریق عامل (DNA) موجود در سلول‌ها امری است که علم بر آن صحه گذاشته است. به همین دلیل ممکن است که انسان برخی از خصوصیات برجسته والدین یا اجداد خود را از طریق ژن، کسب کند و در زمینه‌ای خاص به استعدادی درخور توجه دست یابد و یا اینکه با مهیا بودن زمینه‌های مناسب از بدو تولد به مرور زمان از طریق ارتباط غیرمستقیم در برخی موارد ناخودآگاه به کسب ذهنیت‌های لازم نایل آید، بی‌آنکه از چهارچوب تعلیماتی ویژه و آموزشی مستقیم بهره‌مند شده باشد. اما سومین حالت، ناظر به مجموعه تعلیمات مدونی است که فرد به طور منظم و مستمر در جریان آن قرار می‌گیرد.

در این حال وابستگی او به منابع تعلیم‌دهنده نظیر مربی، کتاب و... انکارناپذیر است. مجموعه موارد اشاره شده را می‌توان تحت سه عنوان زیر بیان کرد:

۱. اکتساب از راه توارث

۲. اکتساب از راه آموزش غیرمستقیم

۳. اکتساب از راه آموزش مستقیم

شاید تعیین مرز این سه حالت در یک فرد مشخص، دور از ذهن باشد. اما علی‌رغم توصیه‌های لازم بر توجه داشتن به مراحل اول و دوم در آموزش موسیقی، لازم است در مرحلهٔ سوم (اکتساب از راه آموزش مستقیم) بر تقویت بنیه ذهنی فراگیرنده توجه بسیار داشته باشیم زیرا در این مرحله می‌توان در ذهن فراگیرندگان موسیقی، بسیاری از کمبودهای مراحل قبلی آنان را نیز جبران کرد.

روش نوین آموزشی «مبانی اجرای موسیقی» ارائه شده در این کتاب تا حد امکان، پایه‌ای طرح‌ریزی شده است تا مورد استفاده همهٔ فراگیرندگان موسیقی از بدو ارتباط با این هنر ـ صرف‌نظر از رشتهٔ خاصی که در موسیقی برمی‌گزینند ـ قرار گیرد. چراکه یک نوازنده، خواننده، رهبر ارکستر، آهنگساز، موسیقی‌شناس و... لازم است از آغاز راه فراگیری موسیقی و پیش از پرداختن به تخصص ویژهٔ خود، در مسیر ارتباط با مبانی نظری[1] و عملی[2] موسیقی و یک «ساز» برای اجرای موسیقی قرار گیرد تا از مهارت‌های بنیادین و اسکلتی این هنر برخوردار شود.

---

۱. تئوری موسیقی

۲. سرایش و تربیت شنوایی (سلفژ و دیکته موسیقی)

این مجموعه که تنها به مبانی اجرای موسیقی «مبانی عملی موسیقی» می‌پردازد جز در مواردی که مطالب نظری موسیقی را به شیوه جدیدی بیان داشته، فرض را بر شناخت مطالعه‌کنندگان خود از این‌گونه مباحث (تئوری موسیقی) قرار داده است. با توجه به موارد اشاره شده، فراگیری موسیقی از ابتدا در سه مرحله زیر شکل می‌گیرد.

۱ ـ مبانی نظری موسیقی (تئوری موسیقی)

۲ ـ مبانی عملی موسیقی «مبانی اجرای موسیقی» شامل:(سلفژ و دیکته موسیقی)

۳ ـ اصول اجرای موسیقی «نوازندگی ـ خوانندگی ـ رهبری ارکستر، رهبری آواز جمعی» شامل: (تکنیک، سونوریته، موزیکالته، استیل)

موضوع موردنظر این کتاب یعنی: «مبانی عملی موسیقی» پل رسیدن به مرحله سوم یعنی: «اصول اجرای موسیقی» بوده و رابطه تنگاتنگی با آن دارد، بنابراین مرحله دوم را به جای «مبانی عملی موسیقی» «مبانی اجرای موسیقی» می‌گوییم.

در مسیر فراگیری «مبانی اجرای موسیقی» نخست شنوایی تقلیدی فراگیرنده برای تنها تقلید اصوات الگوهای ریتم و اصوات موسیقایی به کار گرفته می شود و پس از این علاوه بر به‌کارگیری دو حس «بینایی» و «شنوایی ادراکی»، در این مجموعه ، پرورش نیروی ذهنی اجراکننده نیز همواره مورد تأکید قرار می‌گیرد. تربیت جداگانه و مرتبط باهم این سه عامل: (بینایی[1]، ذهنی[2] ، شنوایی[3] ادراکی) پیش از آنکه شخص به آموختن ساز مشغول شود و نیز در طی آن مرحله، ضروری و اجتناب‌ناپذیر می‌باشد. بدین ترتیب دیدن نت‌های موسیقی با شیوه صحیح به معنای ایجاد تصاویر متعدد از الگوهای گوناگون ریتم و وضعیت‌های متنوع اصوات موسیقایی در مغز فراگیرنده و در نهایت سپردن آگاهانه آنها به محفوظات وی است.

هرآینه فراخوان ذهنی (بداهه‌خوانی) موارد فراگرفته شده از «ریتم» و «اصوات موسیقایی» توسط فراگیرنده انجام پذیرد، می‌توان نسبت به شناخت آگاهانه آنها در ذهن وی اعتماد قطعی یافت.

در این صورت با توجه به امکان درک تصویری ریتم‌ها و اصوات موسیقایی از راه بینائی توسط فراگیرنده و متعاقباً بداهه پردازی (فراخوان ذهنی) آنها توسط وی، با اطمینان می‌توان گفت

---

۱. روخوانی

۲. بداهه‌پردازی

۳. دیکته موسیقی

زمینه مناسبی در فراگیرنده برای درک شنوایی ادراکی وی نسبت به مباحث ریتم، اصوات موسیقایی و در نتیجه پیوند آنها (ملودی) مهیا می‌گردد.

با این روال امکان فعالیت ذهنی (بداهه‌پردازی) فراگیرنده مرهون پشتکار وی در تمرینات از راه «بینائی» خواهد بود و همین‌طور درک شنوایی ادراکی فراگیرنده نسبت به مباحث ریتم، اصوات موسیقایی و پیوند آنها (ملودی) نیز به پشتوانه تمرینات لازم ذهنی (بداهه‌پردازی) وی نیازمند است. مجموعه مطالب اشاره شده را می‌توان به شکل مثلث زیر تجسم نمود.

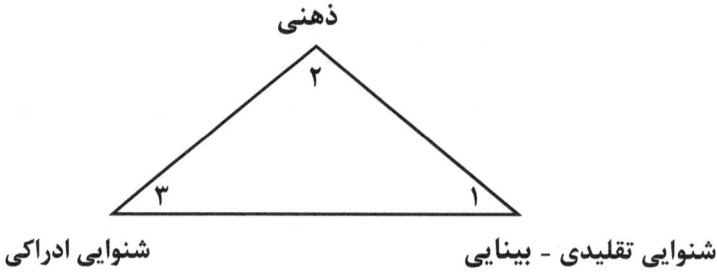

اکنون به اختصار می‌توان گفت مراد از تمرین شنوایی تقلیدی فراگیرنده در واقع تقویت بینائی وی برای رسیدن به توان خوب روخوانی نت‌های موسیقی و تقویت ذهنی او به منزله دستیابی فراگیرنده به توانایی بداهه‌پردازی در وزن‌خوانی ریتم‌ها، سرایش اصوات موسیقایی و ملودی، همچنین تقویت شنوائی ادراکی وی به منظور تشخیص و توان نگارش ریتم‌ها، اصوات موسیقایی و در نهایت ملودی از راه شنوایی است. چنانچه پیش از این نیز اشاره شد:

روش نوین «مبانی اجرای موسیقی» بر آن است تا با تمرینات ارائه شده نه تنها به عملکرد مؤثر یکایک قوای بینایی، ذهنی و شنوایی ادراکی فراگیرنده بپردازد بلکه هماهنگی‌های بین آنها را نیز نسبت به هم تقویت نماید.

نکته آخر این که در اکثر نقاط دنیا، بیشتر واژه‌ها و اصطلاحات موسیقی زبان بین‌المللی دارند. در این کتاب نیز از استعمال واژه‌ها و اصطلاحات زبان جهانی موسیقی پرهیز نشده است.

۱

شنوائی تقلیدی
تقلید ریتم

اولین قدم در ابتدای راه فراگیری هنر موسیقی، دستیابی فراگیرنده به توان تقلید دقیق و صحیح اصوات حاصل از اجرای الگوهای ریتم است. این تمرین با شنیدن صوت حاصل از اجرای یک یا چند الگوی ریتم و سپس تقلید آن توسط فراگیرنده (مثلاً با صدای برخورد کف دست‌ها با هم و یا هر وسیلهٔ ممکن) تحقق می‌پذیرد.

عمل تقلید صدای ریتم، سرآغاز ارتباط هنرجویان با اولین مورد از مباحث بنیادین موسیقی یعنی «ریتم» به شمار می‌آید.

نمونه‌های زیر به ترتیب و جداگانه، توسط آموزش دهنده اجرا می‌شود[1] و هنرجویان پس از به ذهن سپاری آنها لازم است به کمک صدای برخورد کف دست‌ها به یکدیگر (یا هر وسیلهٔ ممکن) آنها را تقلید کنند.

نمونه (۱)

نمونه (۴)

نمونه (۲)

نمونه (۵)

نمونه (۳)

نمونه (۶)

۱. آموزش دهنده می‌تواند نمونهٔ ریتم موردنظر را با استفاده از «ساز، آواز» یا صدای برخورد کف دست‌ها (یا هر وسیلهٔ ممکن) اجرا کند.

تمرینات مذکور را می‌توان علاوه بر بهره‌گیری از نمونه‌های ارائه شده با استفاده از دیگر نمونه‌ها (الگوهای ریتم) نیز تداوم بخشید. لازم به تأکید است که رعایت ترتیب شماره‌های شش تمرین ارائه شده «خصوصاً در آغاز راه تقلید ریتم»، کاملاً ضروری است. بی‌تردید پس از موفقیت در انجام مثال‌های ششگانهٔ اشاره شده می‌توان به تدریج از الگوهای پیچیده‌تر ریتم نیز برای تقلید استفاده کرد.

ناگفته نماند: روند تقلید ریتم مورد بحث در این بخش، صرفاً تقلید صدای ریتم برای تقویت شنوائی تقلیدی فراگیرنده بوده و بدیهی است انجام این مهم به منظور درک و تشخیص تصویری (نوشتاری)[1] ریتم و به عبارت دیگر شنوائی ادراکی ریتم در ذهن وی نمی‌باشد.

---

۱. دیکته موسیقی (شنوایی ادراکی)

۲

شنوائی تقلیدی
تقلید اصوات موسیقایی

این تمرین، قدم دوم در ابتدای راه فراگیری هنر موسیقی و سرآغاز ارتباط هنرجویان با دومین مورد از مباحث بنیادین موسیقی یعنی «اصوات موسیقایی» به شمار می‌آید.

به‌طور طبیعی عمل تقلید اصوات توسط انسان نسبت به صداهای غیرموسیقایی نیز انجام می‌پذیرد. مانند: صدای باران، صدای رعد و برق، صدای حیوانات، صدای انسان و...

لازم به تذکر است، کسانی که قادر به تقلید اصوات غیرموسیقایی هستند، تقلید اصوات موسیقایی را نیز با سهولت بیشتری انجام می‌دهند.

تقلید اصوات موسیقایی از راه شنیدن یک صوت موسیقایی به دست آمده از صدای انسان و یا ساز- به ذهن‌سپاری آن و تقلید دقیق و صحیح آن صوت از راه حنجره فراگیرنده تحقق می‌پذیرد.

نکتهٔ قابل توجه اینکه، توان شنوایی تقلیدی افراد برای تقلید اصوات از آغاز راه فراگیری موسیقی به چگونگی ارائهٔ صوت موردنظر نیز بستگی بسیار دارد. مانند:

۱. قوی بودن صوت،

۲. ضعیف بودن صوت،

۳. زیر بودن صوت،

۴. بم بودن صوت،

۵. جنسیت صوت،

۶. صوت فردی[۱] (شخصی)

به بیان ساده‌تر، برای برخی از افراد، تقلید صوت قوی به مراتب دشوارتر است از تقلید صوت ضعیف. (یا برعکس)

---

۱. ارائه صوت توسط شخص تقلید کننده و سپس تقلید از صوت خود.

برای بعضی دیگر تقلید صوت حاصل از یک ساز به مراتب سهل‌تر است از تقلید صوت انسان (یا برعکس)

و بالاخره عده‌ای صوت بم را دشوارتر از صوت زیر تقلید می‌کنند. (یا برعکس)

در صورتی که تقلیدکننده با هیچ‌یک از مراحل فوق ارتباط لازم برقرار نکند، یعنی عمل تقلید صوت انجام نپذیرد، در این صورت لازم است وی پس از آواز کردن صوتی به دلخواه خود، همان صوت آواز شدهٔ خود را تقلید کند، این عمل را می‌توان به دفعات لازم تکرار کرد.

اکنون باید همان صوت در جریان تقلید (صوت آواز شده توسط وی) را نخست به وسیله‌ی ساز (پیانو) اجرا کرد تا متعاقباً توسط فراگیرنده تقلید شود. بدین ترتیب ذهن فراگیرنده به تدریج آمادگی تقلید اصوات ارائه شده توسط یک ساز (پیانو) را نیز به دست خواهد آورد.

با توجه به موارد اشاره شده لازم است در آغاز عمل تقلید اصوات موسیقایی همواره توان شنوایی تقلیدی افراد نسبت به موارد ششگانه ذکر شده کاملاً مدنظر قرار گیرد.

ناگفته نماند: روند تقلید صوت مورد بحث در این بخش صرفاً تقلید صدای شنیده شده، برای تقویت شنوایی تقلیدی فراگیرنده می‌باشد. بدیهی است انجام این مهم به منظور درک و تشخیص تصویری (نوشتاری)[1] صوت و به عبارت دیگر شنوائی ادراکی صوت در ذهن وی نمی‌باشد.

۱. دیکته موسیقی (شنوایی ادراکی)

۳

آشنایی با ریتم و ضرب

موسیقی از هنرهایی است که با «زمان» رابطۀ تنگاتنگ دارد.

تقسیمات مساوی یا نامساوی در اندازۀ ارزش زمانی اصوات، «ریتم» را تشکیل می‌دهد. برای مثال این الگوی ریتم (♩ ♩) دو تقسیم مساوی در ارزش زمانی صوت به وجود می‌آورد و این الگوی ریتم (♩. ♩) دو تقسیم نامساوی.

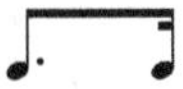

ریتم می‌تواند بدون ضرب[1] مشخص و به طور کاملاً آزاد اجرا شود. نمونه‌های چنین ریتمی در موسیقی‌های بدوی و موسیقی‌های مشرق زمین بسیار است. اما در موسیقی علمی «ریتم‌ها» غالباً از ضرب ثابتی پیروی می‌کنند جز در مواردی که موسیقی با استفاده از حالاتی نظیر «ریتارداندو»[2]، «اچلراندو»[3] و نظایر آن اجرا می‌شود. بنابراین به هنگام اجرای ریتم‌ها رعایت هرچه دقیق‌تر ضرب، ضروری و اجتناب‌ناپذیر است.

اندازۀ ارزش زمانی اجزاء یک الگوی ریتم و سرعت اجرای ضربان در وزن‌خوانی خطوط ریتم، تابعی است از ضرب انتخاب شده در بدو اجرا، و واجب است هنرجویان برای درک و اعمال این مورد، هر خط ریتم را با ضرب‌های مختلف (به عنوان مثال: آرام، متوسط، تند) اجرا کنند. این تمرین ضمن، «ضرب زدن» با مترونوم قابل انجام است. روش ضرب زدن در تمپوهای مختلف یکسان است ولی سرعت ضرب زدن و به تبع آن مقدار ارزش زمانی اجزاء یک الگوی ریتم تغییر می‌کند. هنگام وزن‌خوانی خطوط ریتم، به منظور دستیابی به ضربان منظم و دریافت حس ضرب در تمپوی[4] موردنظر، می‌توان پس از چند لحظه گوش فرادادن به ضربان مترونوم

---

۱. ضربان پی‌درپی و منظمی که از «مترونوم» شنیده می‌شود.
۲. کند شدن تدریجی سرعت ضربان به هنگام اجرای موسیقی.
۳. تند شدن تدریجی سرعت ضربان به هنگام اجرای موسیقی.
۴. (Tempo) اندازه سرعت ضرب زدن را تعیین می‌کند.

و سپس ضرب زدن همراه آن، به وزن‌خوانی ریتم‌ها پرداخت بنابراین برای اطمینان حاصل کردن از ثبات ضرب، استفاده از مترونوم درتمرینات مربوط به خطوط ریتم حایز اهمیت است. البته به سبب نیاز به ارائهٔ حالات پرانعطاف موسیقایی و نیز به علت شکل‌گیری حس نگهداری ضرب در وجود اجراکننده، می‌توان به مرور از استفاده «مترونوم» چشم‌پوشی کرد.

۴

تداوم و تقسیمات ارزش زمانی نت سیاه

آشنایی و سپس شناخت اجرایی (عملی) فراگیرنده نسبت به نمونه «ریتم‌های ساده» نخست از راه درک وی نسبت به ارزش زمانی نت سیاه (♩)، تقسیمات ارزش زمانی این نت و تداوم ارزش زمانی آن، در واحد زمانی مقرر شده توسط ضربانی منظم[1]، مقدور می‌شود. برای نشان دادن ارزش زمانی «نت سیاه» می‌توان به صورت قراردادی از ضربان کف پا به زمین (با تکیهٔ دایمی پاشنهٔ پا به زمین) استفاده کرد. در این حالت ارزش زمانی نت سیاه از زمان برخورد کف پا به زمین و به بالا توسط فراگیرنده مقرر و وزن‌خوانی می‌شود؛ به عبارتی دیگر طول زمان هر ضربه کف پا به زمین و به بالا را می‌توان به گونه مساوی با طول زمان کشش یک نت سیاه (♩) مقرر کرد. بدین ترتیب برای تقسیم کردن ارزش زمانی نت سیاه به دو قسمت مساوی (♫)، از دوچنگ لازم به اجرا، اولی هنگام برخورد کف پا به زمین و دیگری در مقطع قرار گرفتن کف پا در بالا، از نظر زمانی به دو قسمت مساوی تقسیم و وزن‌خوانی می‌شود.

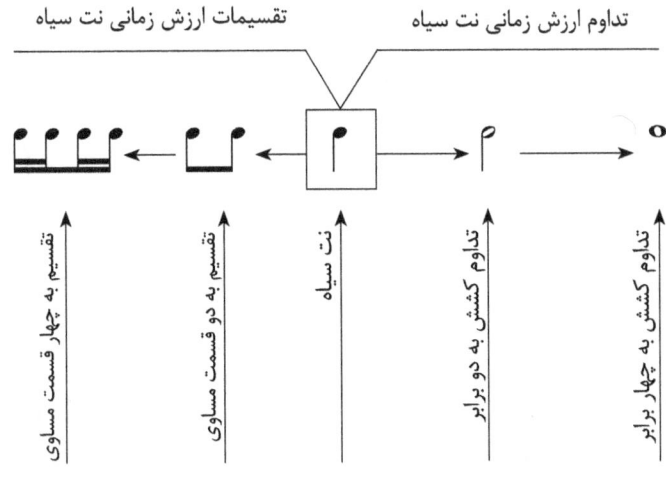

۱. مترونومیک

طبیعی است برای تقسیم کردن ارزش زمانی نت سیاه به چهار قسمت مساوی (𝅘𝅥𝅯𝅘𝅥𝅯𝅘𝅥𝅯𝅘𝅥𝅯) از چهار دولاچنگ لازم به اجرا، دوتای اولی در مرحله برخورد کف پا بر زمین و دو تای دومی در مقطع قرار گرفتن کف پا در بالا، به طور مساوی در زمان، مقرر و وزن‌خوانی می‌شود.

همین طور برای تداوم ارزش زمانی نت سیاه به دو برابر یعنی به اندازه ارزش زمانی یک نت سفید (𝅗𝅥)، لازم است کشش آن به اندازهٔ دو ضربهٔ کف پا به زمین، از مرحله برخورد کف پا به زمین تا به بالا، مقرر و وزن خوانی شود و برای اجرای ارزش زمانی نت گرد (𝅝)، چهار برابر ارزش زمانی نت سیاه یعنی به اندازه چهارضربهٔ کف پا به زمین، از زمان برخورد کف پا به زمین تا به بالا به صورت مساوی مقرر و وزن‌خوانی می‌شود.

با استفاده از راه‌کارهای اشاره شده، می‌توان نمونه‌های دیگری از تداوم و تقسیمات ارزش زمانی نت سیاه را در محاسبهٔ قرار دادی ضربان کف پا به زمین تا به بالا سنجیده و وزن‌خوانی کرد به عنوان مثال: برای وزن‌خوانی چنین الگوی ریتمی (♪. 𝅘𝅥𝅯)، سه چهارم از طول زمان برخورد کف پا به زمین تا به بالا را به نت چنگ نقطه‌دار (♪.) و یک چهارم آن را به نت دولاچنگ (𝅘𝅥𝅯) اختصاص می‌دهیم. و برای اجرای این الگوی ریتم (♩. ♪) که در مجموع معادل ارزش زمانی یک نت سفید (𝅗𝅥) است، از مجموعه زمان دو ضربهٔ کف پا به زمین تا به بالا، یک ضرب و نیم آن به نت سیاه نقطه‌دار (♩.) و نیم ضرب آن نیز به نت چنگ (♪) تعلق می‌گیرد.

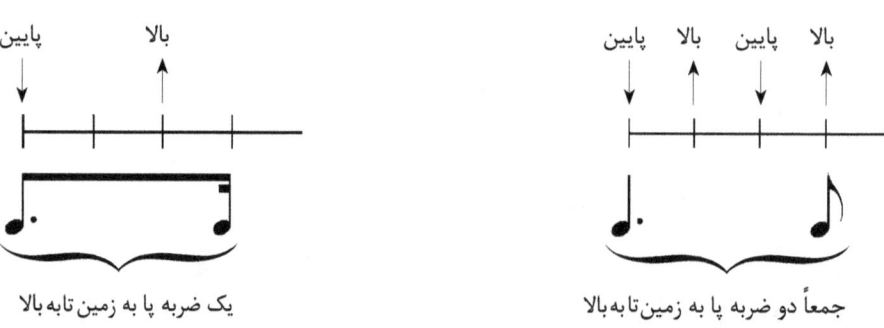

جمعاً دو ضربه پا به زمین تا به بالا

یک ضربه پا به زمین تا به بالا

برای درک بهتر ارزش زمانی ریتم‌های متنوع ساده در ضربان کف پا به زمین تا به بالا (با دو تقسیم پایین ـ بالا) به این مثال‌ها توجه فرمایید (هنگام وزن‌خوانی ریتم‌های نوشته شده در مثال‌های

زیرتوصیه می‌شود، برای سهولت ادای هر یک از اجزای الگوی ریتم، تلفظ «دو» به کار رود):

مثال ۱

مثال ۲

مثال ۳

مثال ۴

مثال ۵

مثال ۶

مثال ۷

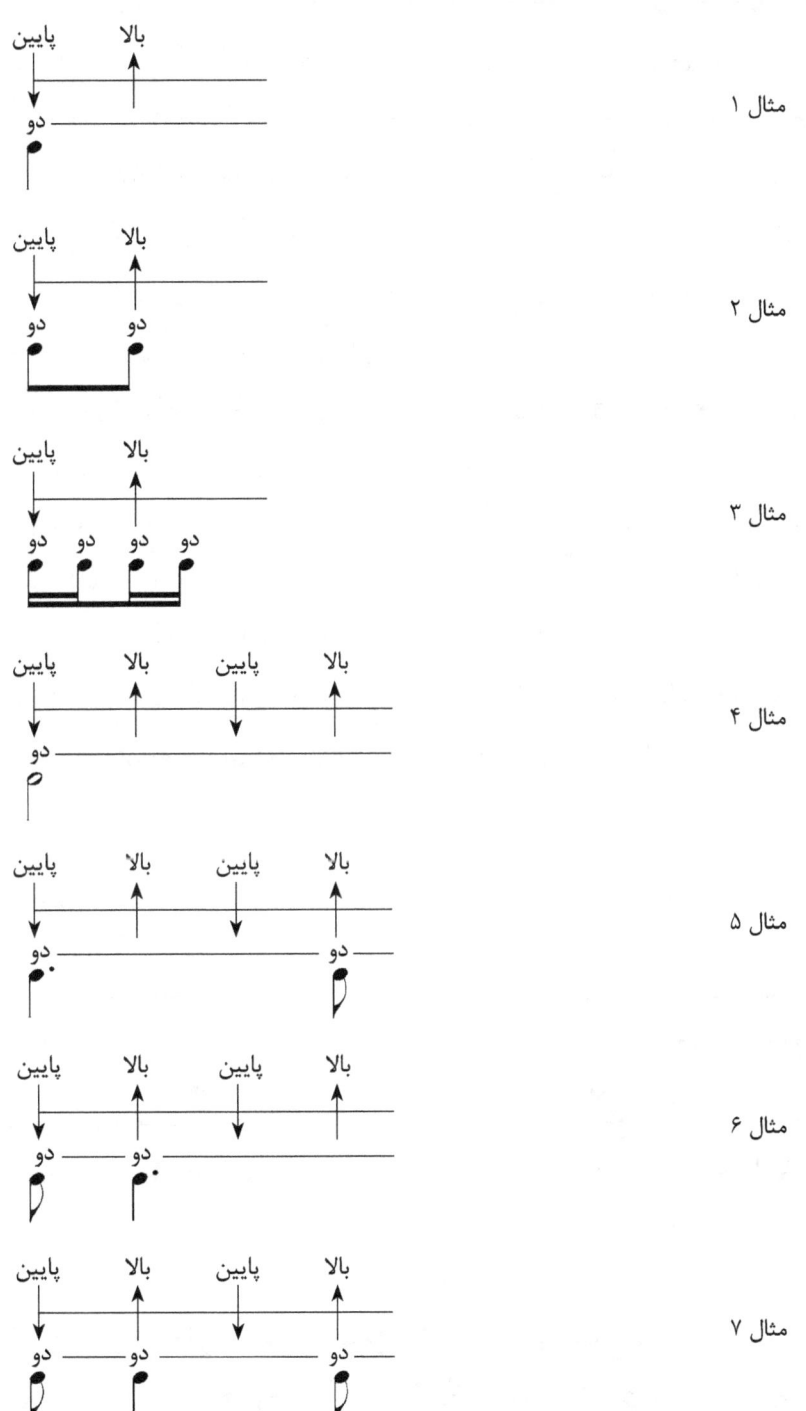

۵

آشنایی با اصوات موسیقایی

صوت موسیقایی ـ پس از ریتم ـ دومین عامل اصلی در خلق آثار موسیقی است. بدون آن حتی عالی‌ترین ترکیب‌ها و ساخته‌های ریتم ناکامل می‌نماید. حدفاصل (اختلاف) زیروبمی یا تفاوت فرکانس‌های دوصوت موسیقایی را اینتروال[1] (فاصله) گویند. ابتدایی‌ترین تقسیم‌بندی فواصل اصوات موسیقایی، تفکیک آنها به دو نوع «پیوسته»[2] و «گسسته»[3] است. برای مثال:

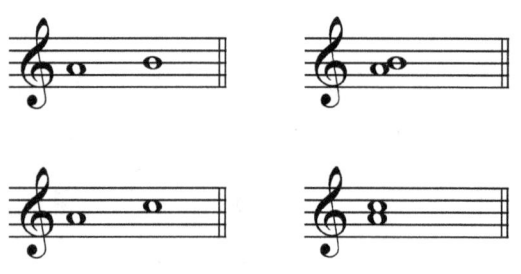

این اصوات نوشته شده تشکیل فاصلهٔ پیوسته می‌دهند:

و این اصوات نوشته شده تشکیل فاصلهٔ گسسته می‌دهند:

با هریک از اصوات موسیقایی می‌توان سه نوع ارتباط اجرایی برقرار کرد:

۱. اسمی (ذکر اسامی اصوات موسیقایی)

۲. فرکانسی (سرایش اصوات موسیقایی)

۳. اسمی و فرکانسی (ذکر اسامی اصوات موسیقایی همزمان با سرایش اصوات آنها)

به خلاف ریتم که آن را بر صفحهٔ سفید نیز می‌توان نگاشت نت‌های اصوات موسیقایی را باید بر خطوط حامل نوشت. اگر در ابتدای خطوط حامل، یکی از کلیدهای موسیقی منظور

---

۱. Interval

۲. متصل

۳. منفصل

نشده باشد، نت‌های اصوات موسیقایی که بر روی خطوط حامل بیایند فاقد اسم خواهند بود. به عنوان مثال، برای این اصوات نت‌نویسی شده نمی‌توان اسمی قایل شد، چرا که کلیدی در ابتدای خطوط حامل نگاشته نشده است.

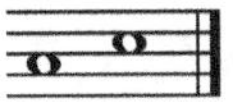

در نت‌نگاری موسیقی به طور متداول هفت کلید مورد استفاده قرار می‌گیرد؛ یک علامت کلید سل، دو علامت کلید فا و چهار علامت کلید دو.

با علائم کلیدهائی که در مثال زیر به کار برده‌ایم نت نوشته شده، نام‌های متفاوت پیدا کرده است.

بین علائم کلیدهای فوق سه علائم کلید مانند: (سل)، (فا ـ خط چهارم) و (دو ـ خط سوم) به دلیل کاربرد بیشتری که دارند از اهمیت خاصی برخوردارند. علامت کلید «سل» یا کلید سوپرانو[1] برای نوشتن نت‌های اصوات موسیقایی در منطقه زیر به کار می‌رود و علامت کلید (فا ـ خط چهارم) یا کلید باس[2] برای نوشتن نت‌های اصوات موسیقایی در منطقه بم و علامت کلید (دو ـ خط سوم) یا کلید آلتو[3] برای نوشتن نت‌های اصوات موسیقایی بین این دو منطقهٔ صوتی.

در مجموعهٔ حاضر، مثال‌ها و تمرین‌های اصوات موسیقایی با استفاده از دو علامت کلید (سل) و (فا ـ خط چهارم) نت‌نویسی شده است. البته علامت کلید «سل» نسبت به دیگر علائم کلید، استفاده و اهمیت بیشتری دارد. به همین دلیل اغلب نمونه‌های اصوات موسیقایی با علامت کلید «سل» نگاشته شده است. فراگیری اصوات موسیقایی نت‌نویسی شده با استفاده از علائم دیگر کلیدها و تمرین سرایش و نواختن قطعه های موسیقی با آنها بر عهدهٔ فراگیرندگان است و به میزان استفاده آنان از این کلیدها بستگی دارد.

---

۱. Soprano

۲. Bass

۳. Alto

پس از انتخاب علامت کلید، نوبت به انتخاب تنالیته[1] می‌رسد. تنالیته دوماژور از آنجا که فاقد دیز (♯) یا بمل (♭) است و روی سازهای شستی‌دار (کلاویه‌ای) نظیر پیانو می‌توان تنها با استفاده از شستی‌های سفید به نواختن آن اقدام کرد و نیز الگوی پایگی برای پیدایش تمامی گام‌های ماژور و در نتیجه مینورها است، آن را تنالیتهٔ مادر به حساب می‌آورند.

تمرینات مربوط به اصوات موسیقایی در این کتاب، نخست در تنالیتهٔ دوماژور انجام می‌گیرد. اما با نظمی که در جای خود از آن سخن خواهیم گفت، مهارت‌های کسب شده در تنالیتهٔ دوماژور را می‌توان به تدریج به دیگر تنالیته‌ها اعم از ماژور یا مینور نیز تعمیم داد.

برای سرایش اصوات موسیقایی «مدال»[2] (مقامی) که در سده‌های میانه متداول بود، می‌توان ـ با اِعمال تغییراتی اندک ـ از مطالبی که در مورد اصوات موسیقایی (تنال) گفته می‌شود بهره برد. از طرفی، موسیقی «آتنال»[3] (فاقد تنالیته) نیز از نظر این مجموعه دور نبوده و هدف نهایی در آموزش‌های مربوط به «اصوات موسیقایی»، دستیابی فراگیرندگان به مهارت‌های لازم در این زمینه، یعنی دستیابی آنان به توانایی سرایش فواصل «آتنال» نیز می‌باشد.

---

۱. منظور از تنالیته (Tonality)، اصوات گام مشخصی است که قطعه موسیقی با استفاده از آنها نوشته شده است. برای مثال: قطعه‌ای که با استفاده از اصوات گام دوماژور نوشته شده در تنالیته دوماژور است.

۲. Modal

۳. Atonal

۶

نت‌خوانی

نحوهٔ نگریستن اجراکننده به نت‌های موسیقی، بر کیفیت اجرای او تأثیر مستقیم دارد. به همین دلیل برای اجرای بهتر نت‌های موسیقی، فراگیری اصول تکنیکی نت‌خوانی امری ضروری است.

چون از لحظهٔ رؤیت نت موسیقی توسط اجراکننده تا لحظهٔ به صدا درآمدن آن با خواندن (آواز کردن) یا نواختن (ساز زدن) مدت زمانی ـ هرچند کوتاه ـ به طول می‌انجامد اجراکننده باید سعی کند پیوسته جلوتر از نتی را که در حال اجرای آن است ببیند.

این مورد که آن را می‌توان «اختلاف بین مرحلهٔ دیدن و اجرای نت» نامید کمک بزرگی به اجرای روان‌تر قطعات موسیقی می‌کند. برای مثال در اجرای خط ریتم زیر به محض شروع اجرای نت (♩) باید به نت (♪) بنگریم و در حین اجرای نت (♪) نگاهمان متوجه نت (♫) باشد و بدین ترتیب...

این عمل را می‌توان برای یکایک نت‌های اصوات موسیقایی و یا دسته‌ای از آنها نیز به کار گرفت. برای مثال در اجرای نت‌های اصوات موسیقایی نوشته شده در صفحهٔ بعد به محض شروع اجرای نت «دو» باید به نت بعدی «می» بنگریم و به محض شروع اجرای نت «می» متوجه نت بعدی «لا» باشیم و بدین ترتیب...

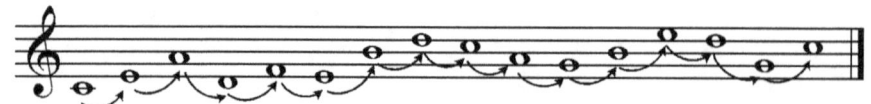

بنابراین، چشم دائماً یک مرحله جلوتر از آنچه را که اجرا می‌شود می‌بیند و ذهن فرصت کافی برای صدور فرمان به اندام‌های مربوطه را خواهد داشت. در غیر این صورت ممکن است در لحظاتی اجرا دچار وقفه شود.

در مراحل پیشرفته باید سعی کرد که هر نگاه چشم تعداد بیشتری از اصوات موسیقایی نت‌نویسی شده را همراه با الگوهای ریتم ببیند. اجراکنندگان ماهر و با تجربه، در لحظاتی که در قطعه، سکوت وجود دارد و یا در زمان اجرای اصوات کشیده، به چند ضرب و حتی گاه به چند میزان بعدی نظر می‌اندازند تا در لحظهٔ مقتضی ذهنشان فرمان لازم برای اجرا را قاطعانه و در عین حال نرم و روان صادر کند.

همان طور که گفته شد، موسیقی از هنرهایی است که اجرای آن ارتباط تنگاتنگی با عامل «زمان» دارد. بنابراین [توجه به «اختلاف بین مرحله دیدن و اجرای نت‌های موسیقی» در حقیقت توجه به یکی از کلیدی‌ترین اصول نت‌خوانی موسیقی است] که به جرأت می‌توان گفت با درک و اِعمال آن تحول چشمگیری در کیفیت اجرای موسیقی صورت خواهد گرفت. با به کارگیری این روش، اجرای موسیقی به مثابه گردش چرخی خواهد بود که به نرمی و راحتی به چرخش خود ادامه می‌دهد.

بدون بهره‌گیری از روش تکنیکی نت‌خوانی، اجراکننده به تمرینات بیشتری نیاز دارد تا با تکرار چندبارهٔ دفعات تمرین و به خاطر سپاری نت‌ها ـ گاه طوطی‌وار ـ قطعه‌ای را اجرا کند. علاوه بر این پس از آماده شدن قطعه نیز چون بیشترین اتکای اجراکننده بر «حافظهٔ طوطی‌وار» و «عادت حاصله از تکرار» کار فیزیکی اندام‌ها (مثل انگشتان در نواختن ساز) است، امکان دارد توجه و تمرکز ذهنی خود را از دست بدهد که این نیز به نوبهٔ خود موجب بروز اشتباهاتی در اجرای قطعه یا توقف ناگهانی آن شود. روش تکنیکی نت‌خوانی خصوصاً هنگام اجرای «دشیفر»[1] قطعات موسیقی کمک ارزنده‌ای به اجراکننده می‌کند.

---

۱. دشیفر (Sight-reading) یعنی قطعه‌ای را بدون آشنایی و تمرینات قبلی در دم روخوانی و اجرا کنیم. توانایی اجراکننده در اجرای قطعات موسیقی به صورت دشیفر (یکباره‌خوانی ـ یکباره‌نوازی) امتیاز بزرگی محسوب می‌شود.

۷

اصوات موسیقایی هفتگانه در خطوط حامل (۱)

در این بخش تشخیص آنی تنها نام اصوات هفتگانه در خطوط حامل نخست با استفاده از کلید «سل» به صورت پیوسته منظم و غیرمنظم موردنظر است.

بنابراین فیگورهای متنوعی از نحوهٔ قرار گرفتن نت‌های اصوات هفتگانه در قالب گام دوماژور را که به صورت پیوسته منظم و غیرمنظم ارائه شده است، تنها با ذکر اسامی[1] آنها تمرین می‌کنیم.

نمونه‌های ارائه شده (غیراز نمونه هفتم) لازم است نخست با تندایی[2] آرام و به تدریج بیشتر (در حد مقدور) نخست به صورت عینی[3] و سپس به گونه ذهنی[4] تمرین شود.

در تمرین عینی،حرکت چشم‌ها از روشی پیروی می‌کند که در بخش «نت‌خوانی» مقرر شده است.

نمونهٔ اول: دوتایی متصل به زیر و بم (پیوسته منظم)

۱. چنانچه گفته شد، تنها ذکر اسامی اصوات موردنظر است و نه سرایش صوت آنها.
۲. (Tempo) ن. ک. به زیرنویس ص ۱۸
۳. روخوانی
۴. حفظی

نمونه دوم: دوتایی متصل به بم و زیر (گسسته منظم)

نمونه سوم: سه تایی متصل به زیر و بم (پیوسته منظم)

نمونه چهارم: سه تایی متصل به بم و زیر (گسسته منظم)

نمونه پنجم: برودری به زیر و بم (پیوسته منظم)

نمونه ششم: برودری به بم و زیر (پیوسته منظم)

نمونه هفتم: اختلاط نمونه‌های قبل (پیوسته غیرمنظم)

۸

آشنایی با خط ریتم

با نوشتن پی‌درپی الگوهای ریتم در کنار یکدیگر، خط ریتم حاصل می‌شود. بدیهی است با جابه‌جایی الگوهای ریتم و نیز تغییراتی در شکل آنها می‌توان به تعداد بسیاری خطوط ریتم متفاوت دست یافت و خط ریتم‌های نوشته شده را با استفاده از خطوط میزان می‌توان به‌طور مساوی تقسیم‌بندی کرد.

در مثال‌های زیر یک خط ریتم به عنوان نمونه و خطوط ریتم دیگر با جابه‌جایی الگوهای خط ریتم نمونه، به دو صورت خطوط ریتم ساده و ترکیبی ارائه شده است:

خطوط ریتم ساده:

خط ریتم نمونه

خط ریتم جابه‌جا شده (۱)

خط ریتم جابه‌جا شده (۲)

خط ریتم جابه‌جا شده (۳)

خطوط ریتم ترکیبی:

خط ریتم نمونه

خط ریتم جابه‌جا شده (۱)

خط ریتم جابه‌جا شده (۲)

خط ریتم جابه‌جا شده (۳)

وجود نت‌ها، با ارزش زمانی کشیده مانند (♩ _ ♩. _ 𝅗𝅥.) در آغاز و انتهای خطوط ریتم به‌علت نیاز ذهن به تأمل در آغاز و انتهای هر تمرین است.

با توجه به تذکر در بخش «تداوم و تقسیمات ارزش زمانی نت سیاه» هنگام وزن‌خوانی خطوط ریتم توصیه می‌شود، برای سهولت ادای اجزای الگوهای ریتم، تلفظ «دو» به کار رود.

از این رو قرار گرفتن کلید سل در ابتدای هر خط ریتم ضروری خواهد بود.

نکتهٔ آخر این که وزن‌خوانی خطوط ریتم همواره لازم است با رعایت کامل حرکات منظم ضرب[1]،انجام پذیرد. (رجوع شود به بخش آشنایی با ریتم و ضرب).

۱. مترونومیک

۹

الگوهای ریتم ساده بدون سکوت (۱)

در این بخش وزن‌خوانی الگوهای ریتم ساده بدون سکوت به صورت (خط ریتم) برابر دستورالعمل اشاره شده در بخش‌های «تداوم و تقسیمات ارزش زمانی نت سیاه» و «آشنایی با خط ریتم» از راه بینایی[۱] (روخوانی) انجام می‌پذیرد به عبارت دیگر این تمرین برای تقویت روخوانی خطوط ریتم نوشته شده است. حرکت چشم به هنگام وزن‌خوانی باید از روشی پیروی کند که پیش از این در بخش «نت‌خوانی» مقرر شده است.

ضمناً به منظور جلوگیری از ارتباط وزن‌خوانی فراگیرندگان با این تمرینات از راه «حافظه طوطی‌وار و یا تکرارهای تقلیدی ناآگاهانه» لازم است در مراحل تمرین وزن‌خوانی خطوط ریتم به صورت (جابه‌جا شده)[۲] در مقابل دیدگان آنها قرار داده شود. وزن خوانی مثال های زیر، در صورت رعایت دقیق تمامی موارد و مطالب بخش‌های اشاره شده، به سهولت انجام پذیر خواهد بود.

تمرینات خط ریتم ساده بدون سکوت

خط ریتم نمونه

خط ریتم جابه‌جا شده (۱)

---

۱. مرحله نخست از سه مرحله مثلث ۱. بینایی، ۲. ذهنی، ۳. شنوایی ادراکی

۲. رجوع شود به بخش آشنایی با خط ریتم

خط ریتم جابه‌جا شده (۲)

خط ریتم جابه‌جا شده (۳)

خط ریتم جابه‌جا شده (۴)

خط ریتم جابه‌جا شده (۵)

۱۰

اصوات موسیقایی هفتگانه در خطوط حامل (۲)

تشخیص آنی نام هر نت از اصوات موسیقایی هفتگانه در خطوط حامل ـ با استفاده از کلید سل و یا دیگر کلیدها ـ به صورت فواصل پیوسته و گسسته مستلزم انجام تمرینات زیر است. در این بخش با نوشتن حدود بیست الی سی نت از اصوات موسیقایی هفتگانه در محل‌های گوناگون خطوط حامل (با استفاده از کلید سل)، تنها به ذکر اسامی[1] نت‌های اصوات موسیقایی، در سرعت مقدور می‌پردازیم.

این تمرین لازم است بنابر موارد ذکر شده در بخش «نت‌خوانی» عمل شود. یعنی به محض شروع ذکر نام هر نت از صوت موسیقایی نگاه فراگیرنده به سرعت[2] به نت بعدی انتقال یابد. به عبارتی دیگر ذکر نام هر نت از اصوات موسیقایی لازم است روی نت بعدی صورت پذیرد.

این تمرین، تشخیص آنی نام نت‌های اصوات موسیقایی در خطوط حامل (با کلید سل) به گونهٔ تکی[3] است. ضمناً برای عدم استفاده فراگیرنده از حافظهٔ طوطی‌وار (در اثر تداوم تکرار)، به هنگام تمرینات پیش از حفظ شدن نت‌ها لازم است، ردیف جدیدی از آنها نوشته شده و در مقابل دیدگان قرار داده شوند.

۱. اکنون تنها ذکر اسامی نت‌های اصوات موسیقایی منظور است و نه سرایش صوت آنها.

۲. مقدار سرعت حرکت چشم به جلو، لازم است در هر مرحله از تمرین بیشتر شود.

۳. در بخش‌های بعدی، این تمرینات به صورت دو به دو و سه به سه نیز ارائه می‌گردد.

نمونه‌های زیر با به کار گرفتن فواصل متنوع از نت‌های اصوات موسیقایی، برای انجام تمرینات لازم ارائه شده است.

نمونهٔ اول: با استفاده از فواصل دوم، سوم و چهارم

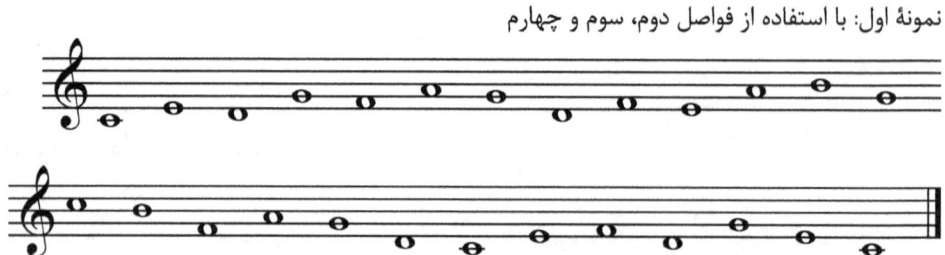

نمونهٔ دوم: با استفاده از فواصل دوم، سوم، چهارم و پنجم

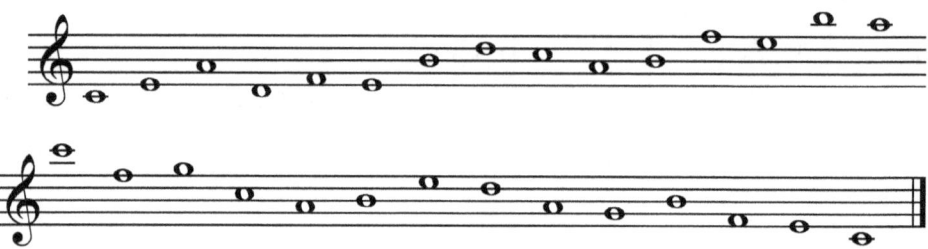

نمونهٔ سوم: با استفاده از فواصل دوم، سوم، چهارم، پنجم و ششم

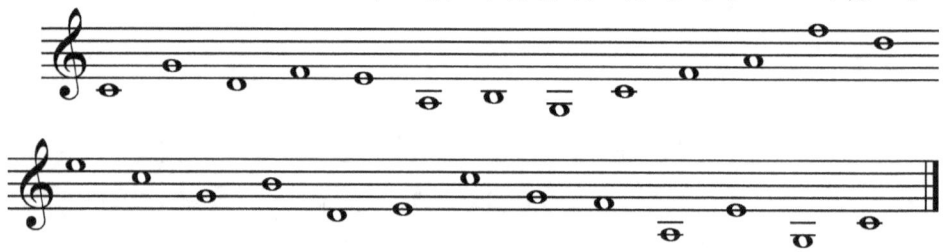

نمونهٔ چهارم: با استفاده از فواصل دوم، سوم، چهارم، پنجم و ششم و هفتم

۱۱

تقلید اصوات گام «دوماژور»

در این بخش، تقلید صوت یکایک اصوات گام دوماژور توسط فراگیرنده انجام می‌پذیرد و باید به نحوی باشد که در بخش (تقلید اصوات موسیقایی) مقرر گردیده است. با تقلید اصوات گام دوماژور، به تدریج الگوی منظم فواصل بین اصوات (پرده ـ پرده ـ نیم‌پرده ـ پرده ـ پرده ـ پرده ـ نیم‌پرده) که در حقیقت اسکلت گام‌های ماژور را تشکیل می‌دهد به نحو مطلوب در ذهن فراگیرنده جای خواهد گرفت.

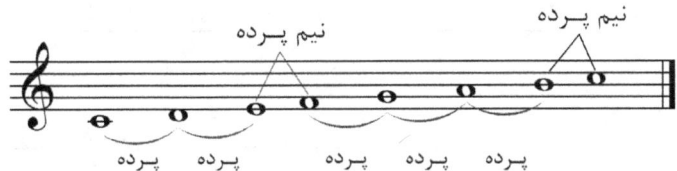

عمل تقلید صوت اصوات گام دوماژور، لازم است به هر دو صورت بالارونده و پایین‌رونده برابر شکل زیر از شماره‌های ۱ الی ۱۵ بدون وقفه انجام پذیرد.

با پیگری‌های لازم در انجام تقلید اصوات گام دوماژور، امکان سرایش ذهنی فواصل مذکور نیز به راحتی فراهم می‌شود.

۱۲

الگوهای ریتم ساده بدون سکوت (۲)

پیش‌نیاز این قسمت، تسلط فراگیرنده بر بخش «الگوهای ریتم ساده بدون سکوت» (۱) و هدف آن، ایجاد امکان دستیابی فراگیرندگان به وزن‌خوانی ذهنی[1] الگوهای ریتم ساده بدون سکوت است.

به عبارت دیگر، وزن خوانی الگوهای ریتم توسط فراگیرنده. از راه فراخوان ذهنی نمونه ریتم‌های ساده بدون سکوت، که در حافظه وی موجود می‌باشد، صورت می‌پذیرد.

در این تمرین، ذهن به جستجوی نمونهٔ ریتم‌های موجود در محفوظات خود مکلف می‌شود و آنها را پی‌درپی وزن‌خوانی می‌کند. این عمل بدون تردید برای شناسایی بهتر ذهن نسبت به انواع الگوهای ریتم، مؤثر و مفید واقع می‌شود.

در صورتی‌که نمونه ریتم‌ها به صورت پی‌درپی و بدون وقفه وزن‌خوانی ذهنی شوند، رعایت دقیق ضربان منظم[2] امری ضروری و اجتناب‌ناپذیر می‌گردد، چرا که فراخوان هر نمونه ریتم در ذهن و وزن‌خوانی مجموع ریتم‌ها، به صورت خط ریتم باید در قالب ضربانی منظم انجام پذیرد.

نکته حساسی که در رابطهٔ ذهن با ریتم باید به آن توجه داشته باشیم این است که پیوسته تلاش کنیم تا در حین وزن‌خوانی ذهنی هر ریتم، به آنچه که وزن‌خوانی می‌کنیم توجه لازم داشته باشیم و در مورد آنچه در لحظه بعد می‌خواهیم وزن‌خوانی کنیم نیز به سرعت، تصمیم بگیریم.

تسلط ذهنی هرچه بیشتر به انواع الگوهای ریتم، راهگشای درک و شناسایی آسان‌تر آنها از راه شنوایی[3] خواهد بود.

لازم به ذکر است؛ جستجوی نمونه‌های آسان از ریتم‌های ساده بدون سکوت در ذهن، به راه‌اندازی و فعال شدن تدریجی ذهن نسبت به شناسایی بهتر ریتم‌های پیچیده‌تر نیز کمک

---

۱. مرحله دوم از سه مرحله مثلث ۱) بینایی ۲) ذهنی ۳) شنوایی ادراکی

۲. مترونومیک

۳. دیکته ریتم

بسیار مؤثری می‌کند.

نمونه‌های زیر، مشابه آن چیزی است که در تمرینات این بخش لازم است به صورت فراخوان ذهنی توسط فراگیرنده وزن‌خوانی شود.

خطوط ریتم ساده:

خط ریتم نمونه

خط ریتم جابه‌جا شده (۱)

خط ریتم جابه‌جا شده (۲)

خط ریتم جابه‌جا شده (۳)

خط ریتم جابه‌جا شده (۴)

۱۳

تداوم و تقیسمات ارزش زمانی نت سیاه نقطه‌دار

آشنایی و سپس شناخت اجرایی (عملی) فراگیرنده نسبت به نمونه ریتم‌های ترکیبی نخست از راه درک وی بر «ارزش زمانی نت سیاه نقطه‌دار (♩.)»، « تقسیمات ارزش زمانی نت سیاه نقطه‌دار» و «تداوم ارزش زمانی نت سیاه نقطه‌دار» در واحد زمانی مقرر شده توسط ضربانی منظم (مترونومیک) مقدور می‌شود.

برای نشان دادن ارزش زمانی نت (سیاه نقطه‌دار) نیز می‌توان به صورت قراردادی از ضربان کف پا به زمین (با تکیه دایمی پاشنه پا به زمین) استفاده کرد. در این صورت ارزش زمانی نت سیاه نقطه‌دار از هنگام برخورد کف پا به زمین تا آخرین مقطع بالا آمدن آن مقرر و وزن‌خوانی می‌شود. بدین ترتیب برای تقسیم کردن ارزش زمانی نت سیاه نقطه‌دار به سه قسمت مساوی از سه چنگ لازم به اجرا: اولی به هنگام برخورد کف پا به زمین و دومی در بین مسیر بالا آمدن کف پا و سومی نیز در آخرین مقطع بالا آمدن کف پا، به طور مساوی و منظم، مقرر و وزن‌خوانی می‌شود.

در صورت دشواری محاسبه تقسیمات سه‌تایی در هر ضربه کف پا به زمین تا به بالا، می‌توان از هر ضربهٔ برخورد کف دست‌ها به یکدیگر به عنوان ارزش زمانی یک چنگ (♪) نیز استفاده کرد. بدین‌ترتیب، ارزش‌زمانی نت سیاه نقطه‌دار (♩.) جمعاً برابر با طول‌زمان سه ضربهٔ مساوی برخورد کف‌دست‌ها با یکدیگر است و بدین ترتیب درهرضربهٔ‌کف دست‌ها به یکدیگر نیز می‌توان به صورت قراردادی تعداد دو عدد «دولاچنگ» (♬) به نسبت مساوی در زمان، وزن‌خوانی کرد و الی آخر...

برای تداوم ارزش زمانی نت سیاه نقطه‌دار به دو برابر (سفید نقطه‌دار)، لازم است این ریتم (𝅗𝅥.) به اندازهٔ زمانی ممتد دو ضربهٔ کف پا به زمین تا بالا یعنی برابر دو سیاه نقطه‌دار و یا شش ضربه ممتد کف دست‌ها به یکدیگر به تعداد شش چنگ مقرر و وزن‌خوانی شود.

دیگر نمونه‌های ریتم در رابطه با تقسیمات و تداوم ارزش زمانی نت سیاه نقطه‌دار را نیز می‌توان با الهام از شکل زیر در طول زمان ضربان کف پا به زمین تا به بالا به عنوان ارزش یک سیاه نقطه‌دار و یا هر ضربهٔ کف دست‌ها به یکدیگر به عنوان ارزش زمانی یک چنگ مقرر و وزن‌خوانی کرد.

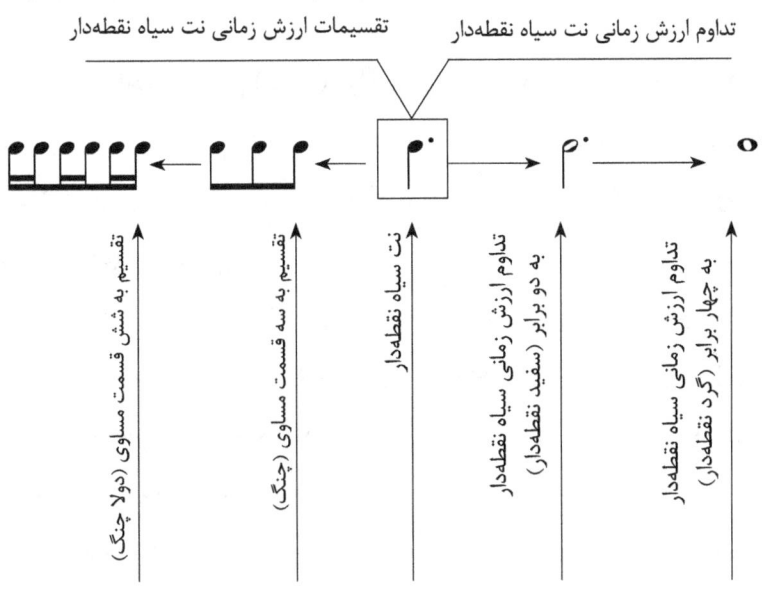

برای درک بهتر چگونگی اجرای ریتم‌های ترکیبی در ضربان کف پا به زمین تا بالا (با سه تقسیم ـ پایین، وسط، بالا) و یا ضربان کف دست‌ها به یکدیگر به عنوان ارزش زمانی یک چنگ، به مثال‌های صفحات بعد دقت کنید:

هنگام وزن‌خوانی نمونه ریتم‌های صفحات بعد پیشنهاد می‌شود، برای سهولت ادای اجزای هر الگوی ریتم، تلفظ «دو» به کار رود.

چنانچه اشاره شد در صورت دشواری وزن‌خوانی ریتم‌ها در روش «الف» می‌توان از روش «ب» در وزن‌خوانی ریتم‌ها استفاده کرد.

روش ب (ضربه کف دست‌ها به یک‌دیگر)

روش الف (ضربه کف پا به زمین تا به بالا)

مثال (۱)

مثال (۲)

مثال (۳)

مثال (۴)

مثال (۵)

مثال (۶)

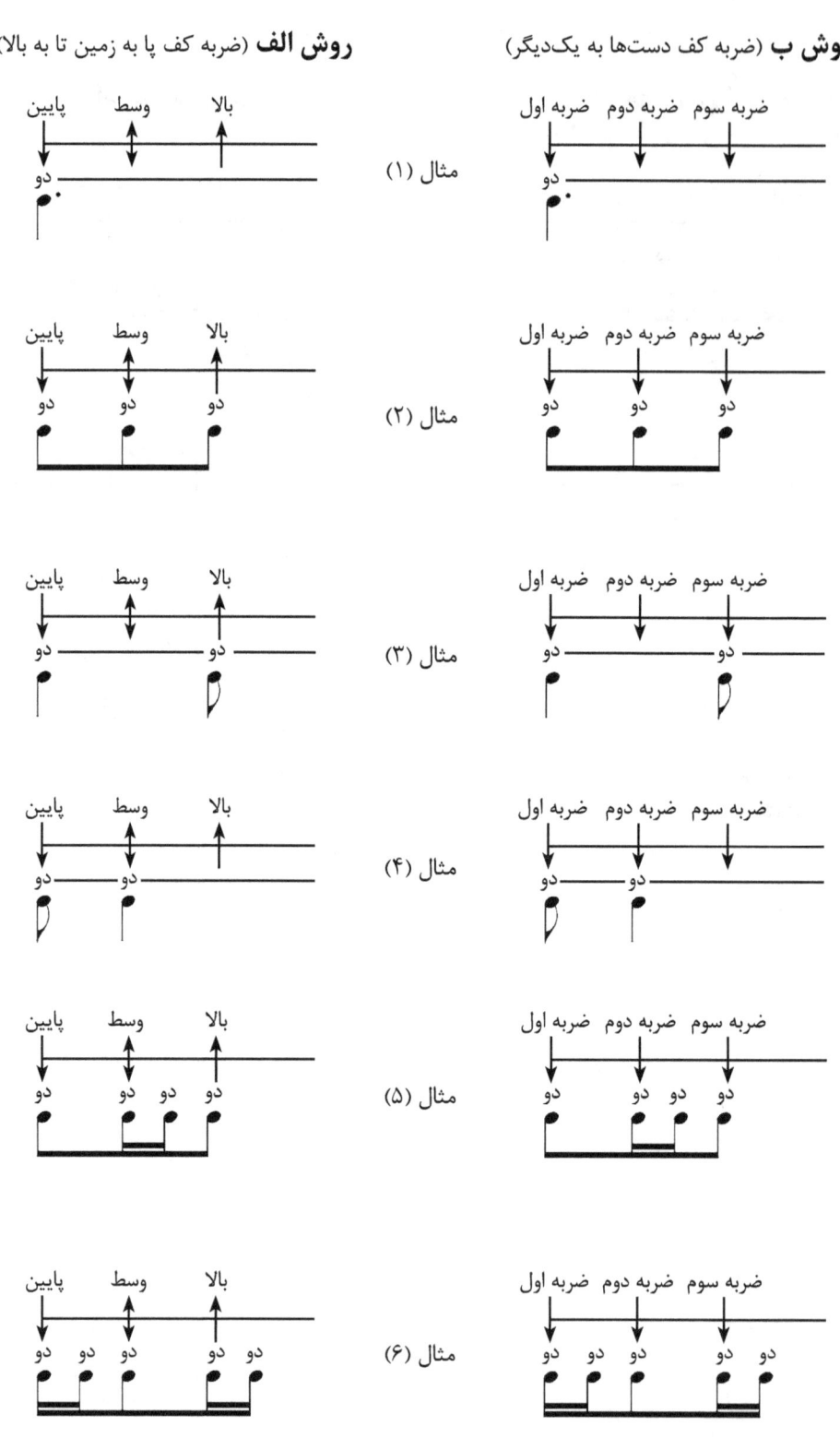

ادامه‌ی روش ب		ادامه‌ی روش الف
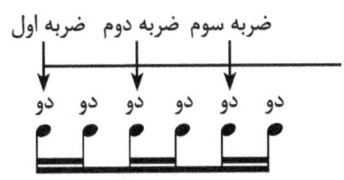	مثال (۷)	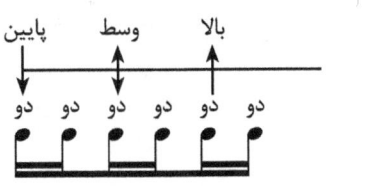
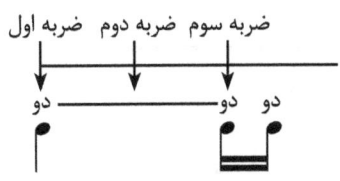	مثال (۸)	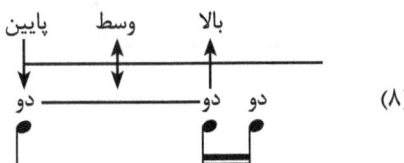
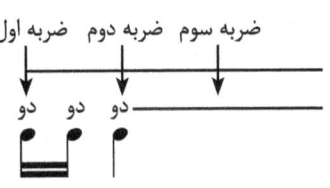	مثال (۹)	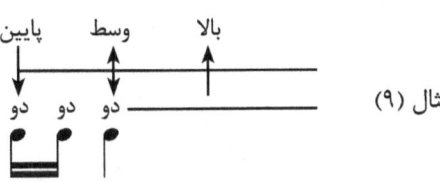

۱۴

سرایش ذهنی گام «دوماژور»

پیش‌نیاز این قسمت دستیابی فراگیرنده به بخش «تقلید اصوات گام دوماژور» است. چنانچه پیش از این نیز اشاره شد با پیگری‌های لازم در تمرینات تقلید اصوات گام دوماژور، زمینهٔ مناسب برای تسلط ذهنی فراگیرنده بر اصوات مذکور فراهم می‌شود. به عبارت دیگر جای‌گیری اصوات گام دوماژور در ذهن فراگیرنده تنها از راه استمرار در تقلید صوت آنها مقدور می‌شود.

در این بخش لازم است سرایش ذهنی[1] اصوات گام دوماژور با هر دو صورت بالارونده و پایین‌رونده این گام از شماره‌های یک الی پانزده بدون وقفه و بدون کمک گرفتن از صدای ساز (پیانو) انجام پذیرد.

مثال

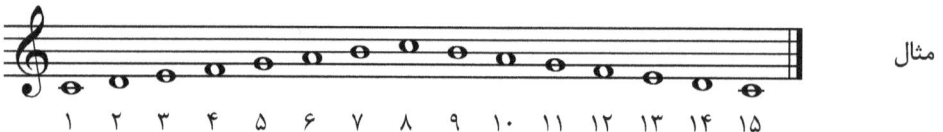

برای حصول اطمینان بر سرایش دقیق و صحیح اصوات گام دوماژور هنگام سرایش ذهنی آن، در صورت لزوم می‌توان در مقاطع اصوات آرپژگام (دو ـ می ـ سل ـ دو)، کوک صدای خود را با ساز (پیانو) کنترل کرد، تا در صورت لزوم نسبت به تصحیح[2] آنها اقدام لازم صورت پذیرد. در مراحل پیشرفته‌تر، این کنترل کوک بودن صدای خود با ساز (پیانو) را می‌توان تنها

۱. مرحله دوم از سه مرحله مثلث ۱) بینایی ۲) ذهنی ۳) شنوایی ادراکی
۲. کوک شدن

در مقاطع اصوات (تونیک ـ نمایان و اکتاو) به انجام رسانید. بدیهی است پس از تسلط لازم فراگیرنده بر سرایش ذهنی صحیح اصوات گام دوماژور، وی نیاز چندانی به کنترل صدای خود با ساز (پیانو) را نخواهد داشت.

۱۵

نقش سکوت‌ها در روند اجرای موسیقی

یکایک اجزای هر الگوی ریتم، سکوت‌های معادل خود را نیز دارد[۱]. از دیدگاه تئوری موسیقی (مبانی نظری موسیقی)، سکوت‌ها در روند اجرای آثار موسیقی، به منزله علائم انقطاعی در اجرای موسیقی تلقی می‌گردند. حال آنکه مقطع سکوت، از دیدگاه «مبانی اجرای موسیقی» در حقیقت تداوم سیر موسیقی در ذهن انسان[۲] به شمار می‌آید. از این‌روست که قطعات و آثار موسیقی علی‌رغم وجود سکوت در آنها هیچ‌گاه به اجراکنندگان و حتی شنوندگان خود احساس انقطاعی بودن اثر را القا نمی‌کنند.

بنابر موارد اشاره شده و به طور خلاصه، نقش سکوت‌ها میسر کردن سیر مقاطعی از موسیقی، تنها در ذهن انسان است.

با توجه به مثال زیر به حضور مشابه این مورد در هنر ترسیمی و یا دیگر هنرها نیز می‌توان پی برد.

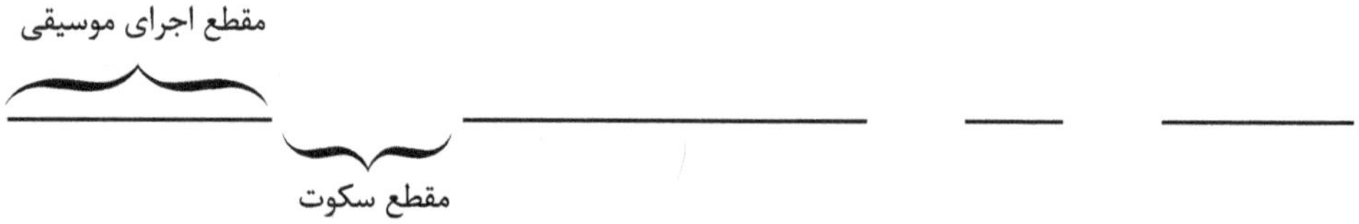

ترسیم بالا، علی‌رغم داشتن انقطاع‌ها، حس خط ممتد و کشیده را به بیننده القا می‌کند، که در حقیقت همان جملهٔ موسیقی است که حاوی اصوات و سکوت‌های متنوع خود است.

---

۱. رجوع کنید به کتاب تئوری موسیقی.

۲. انسان، اعم از شنونده یا اجراکننده موسیقی

پیش از این، اجرای اجزای هر ریتم با استفاده از تلفظ «دو» پیشنهاد شده بود. اکنون به منظور تشخیص زمان دقیق سکوت‌ها پیشنهاد می‌شود زمان کشش آنها (سکوت‌ها) با صدای «اوم»[1] اجرا شود.

از اجرای صدای «اوم» در زمان سکوت دو منظور داریم:

اول، جلوگیری از اجرای سهل‌انگارانهٔ سکوت است چرا که وجود سکوت در موسیقی، چنانچه اشاره شد، نباید موجب قطع رابطهٔ ذهن اجراکننده با موسیقی شود؛ حال آنکه در موارد بسیاری چنین می‌شود. بنابراین در نظر گرفتن لفظی یا صدایی برای اجرای سکوت موجب می‌شود تا فراگیرنده به اجرای سکوت اهمیت بیشتری دهد و در یک کلام **«هنگام اجرای موسیقی باید عادت کنیم که سکوت را نیز اجرا کنیم»**.

دوم، اینکه فراگیرنده تازه کار، هنگام رعایت سکوت ممکن است نتواند اندازهٔ دقیق آن را دریابد و در نتیجه کشش آن کمی بیشتر یا کمتر از حد لازم بشود اما اطلاق لفظ مشخص و یا صدایی برای سکوت هنگام وزن‌خوانی خطوط ریتم کمک می‌کند تا اندازهٔ کشش سکوت دقیق‌تر رعایت شود.

بدیهی است پس از گذشت مدتی از انجام تمرینات به نحو مذکور، بدون احساس نیاز به اجرای صدای «اوم» برای سکوت‌ها خواهیم بود زیرا این صدا به هنگام اجرای سکوت‌ها خودبه‌خود در ذهن فراگیرنده شنیده شده و بدین ترتیب طول کشش دقیق سکوت‌ها برای وی معین می‌گردد.

با نوشتن خطوط ریتم مشابه مثال‌های زیر و وزن‌خوانی آنها به نحو مذکور می‌توان به مرور، تسلط لازم در این زمینه را کسب کرد.

مثال ۱

---

۱. صدای خارج شده از بینی با دهان بسته

مثال ۲

در مثال‌های ارائه شده چنانچه ملاحظه می‌شود وزن‌خوانی هر یک از اجزای الگوهای ریتم با ادای تلفظ «دو» و سکوت‌ها با صدای «اوم» پیشنهاد شده است.

با توجه به نگارش خط ریتم در محل نت دو به لحاظ ادای تلفظ «دو» قرار گرفتن کلید سل در ابتدای هر خط ریتم ضروری خواهد بود.

۱۶

الگوهای ریتم ساده با سکوت (۱)

نوع این الگوهای ریتم ساده است و با سکوت ارائه می‌شود. وزن‌خوانی آن بنابر دستورالعمل اشاره شده در بخش «تداوم و تقسیمات ارزش زمانی نت سیاه» انجام می‌پذیرد. تمرینات این بخش از راه روخوانی خط ریتم نوشته شده یعنی از راه «بینایی»[۱] است.

حرکت چشم از روشی پیروی می‌کند که در بخش (نت‌خوانی) مقرر شده است. ضمناً به منظور جلوگیری از ارتباط اجرایی فراگیرنده با این تمرینات از راه «حافظه طوطی‌وار و تکرارهای تقلیدی ناآگاهانه»، لازم است که در مراحل تمرین وزن‌خوانی، همواره خطوط ریتم به صورت جابه‌جا شده[۲] در مقابل دیدگان وی قرار گیرد.

همچنین رعایت دقیق دیگر موارد و مطالب اشاره شده در بخش‌های پیشین با عناوین «آشنایی با ریتم و ضرب»، «آشنایی با خط ریتم» و «نقش سکوت‌ها در روند اجرای موسیقی» ضروری است.

خط ریتم مثال (۱)

خط ریتم جابه‌جا شده از مثال (۱)

---

۱. مرحله اول از سه مرحله مثلث ۱) بینایی ۲) ذهنی ۳) شنوایی ادراکی

۲. رجوع شود به بخش (آشنایی با خط ریتم)

خط ریتم مثال (۲)

خط ریتم جابه‌جا شده از مثال (۲)

خط ریتم مثال (۳)

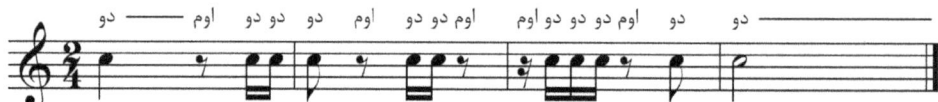

خط ریتم جابه‌جا شده از مثال (۳)

خط ریتم مثال (۴)

خط ریتم جابه‌جا شده از مثال (۴)

خط ریتم مثال (۵)

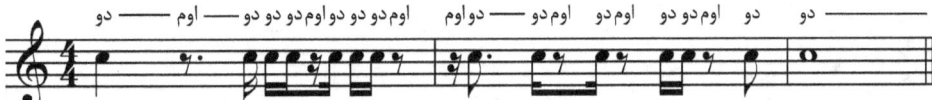

خط ریتم جابه‌جا شده از مثال (۵)

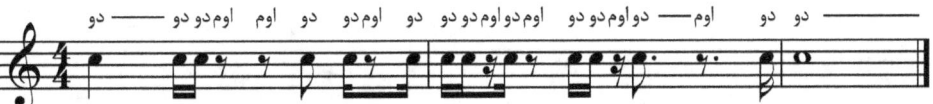

۱۷

سنجش زیر و بمی متصل اصوات در تنالیته «دوماژور» (۱)

به منظور آشنایی و تسلط عینی هرچه بیشتر فراگیرنده برای روخوانی اصوات پیوسته در تنالیته دوماژور نمونهٔ زیر که در محدوده یک اکتاو از این گام نوشته شده است به سه طریق: «تکی»، «دوبه‌دو» و «سه به سه» از راه روخوانی (بینایی)[۱] سرایش می‌شود.

هنگام سرایش اصوات مثال بالا و مشابه آن، می‌توان با کمک گرفتن از صدای ساز (پیانو) برای دریافت صوت «دو» (تونیک گام) و یا به طور کلی اصوات آرپژ (دو ـ می ـ سل ـ دو) در زمان مواجه شدن با آنها به هنگام سرایش، بنابر نیاز، صدای‌خود را با صدای ساز (پیانو) کوک و منطبق کنیم. این کنترل در مراحل پیشرفته تمرینات بالا و مشابه آن، تنها بر روی اصوات (تونیک ـ نمایان و اکتاو)انجام می‌پذیرد. بدیهی است پس از تسلط لازم فراگیرنده بر سرایش صحیح اصوات در تنالیته دوماژور، وی نیاز چندانی به کنترل صدای خود با ساز (پیانو) را نخواهد داشت.

---

۱. مرحله اول از سه مرحله مثلث ۱) بینایی ۲) ذهنی ۳) شنوایی ادراکی

سرایش یکایک اصوات مثال صفحه قبل و مشابه آن را که جداگانه و یک به یک انجام می‌پذیرد، سنجش زیر و بمی متصل اصوات در تنالیته دوماژور به صورت تکی می‌نامیم. این تمرین باید با انتخاب دوتایی و سه‌تایی اصوات به صورت «دوبه‌دو» و نیز «سه به سه» مانند مثال‌های زیر نیز انجام پذیرد.

در مثال‌های زیر خطوط کمرنگ درواقع دید ذهنی دوتایی «دوبه‌دو» و سه‌تایی «سه به سه» فراگیرندگان هنگام تمرین سرایش اصوات می‌باشد.

تمرین «دوبه‌دو»

تمرین «سه به سه»

انجام این تمرینات به صورت «دوبه‌دو» و «سه به سه» مستلزم رعایت دقیق موارد بخش (آشنایی با ریتم و ضرب) و بخش (نت‌خوانی) است.

تمرین در هر یک از مثال‌های زیر لازم است به صورت سه مرحله «تکی» ـ «دوبه‌دو» و «سه به سه» انجام پذیرد.

مثال (۱)

مثال (۲)

مثال (۳)

مثال (۴)

مثال (۵)

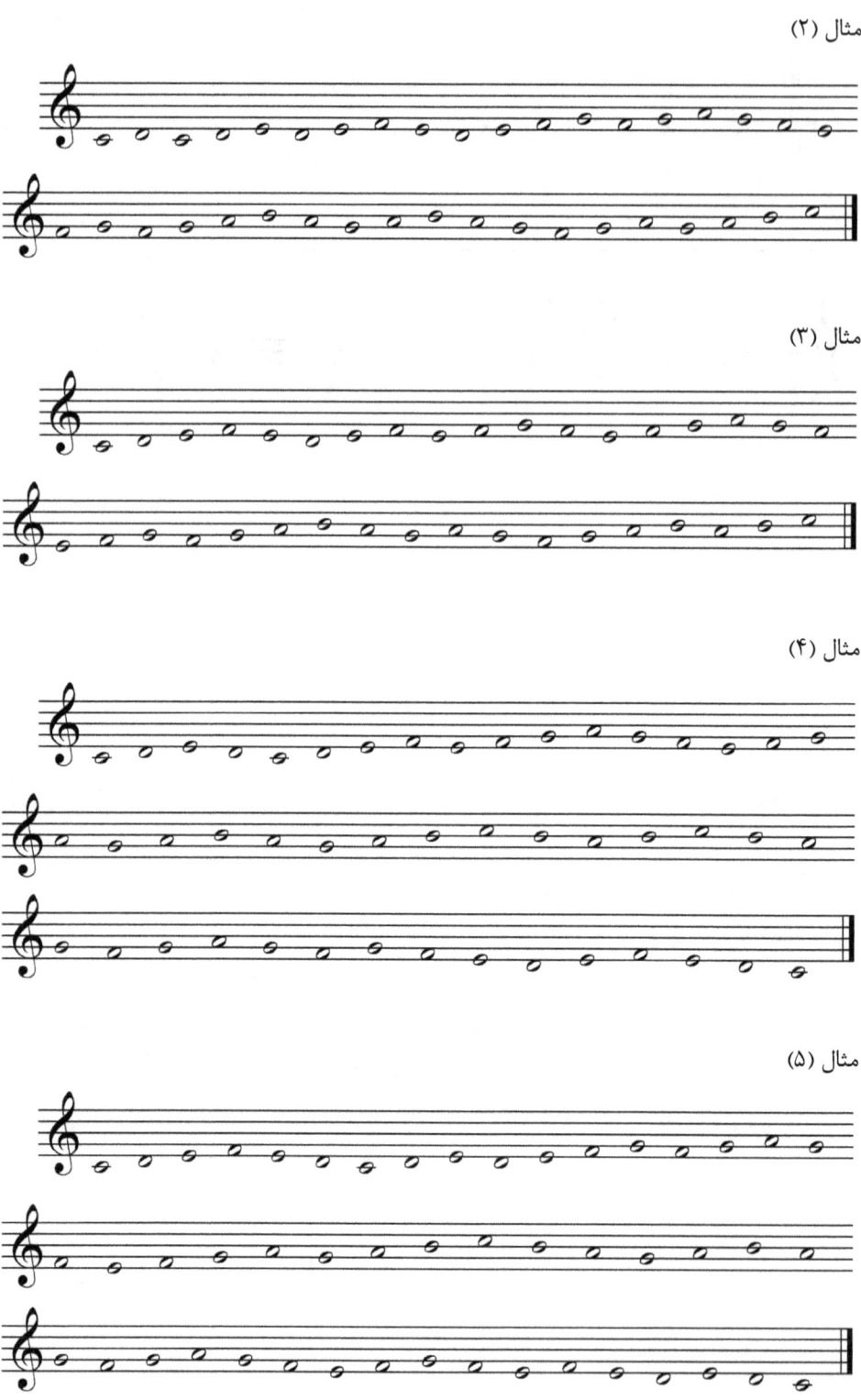

مثال (۶)

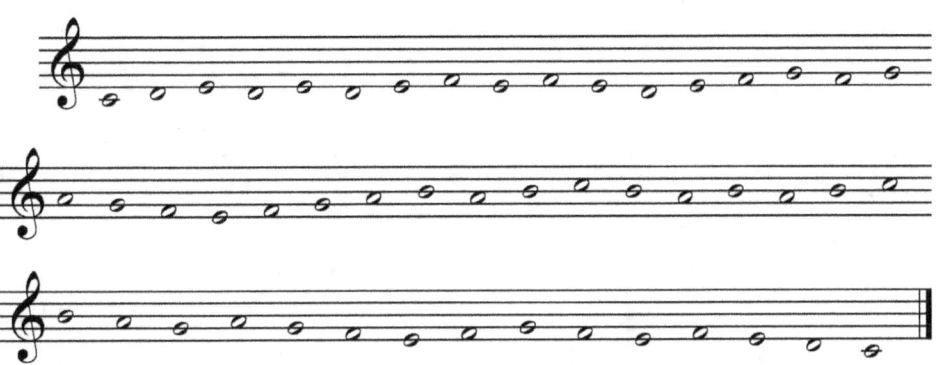

۱۸

الگوهای ریتم ترکیبی بدون سکوت (۱)

در این بخش الگوهای ریتم ترکیبی بدون سکوت برابر دستورالعمل اشاره شده در بخش «تداوم و تقسیمات ارزش زمانی نت سیاه نقطه‌دار» به صورت خط ریتم از راه بینایی[1] (روخوانی) وزن‌خوانی می‌شود. به عبارت دیگر این تمرین برای تقویت روخوانی فراگیرنده در مقابل خطوط ریتم ترکیبی نوشته شده است.

حرکت چشم به هنگام وزن‌خوانی باید از روشی پیروی کند که در بخش (نت‌خوانی) مقرر شده است.

ضمناً به منظور جلوگیری از ارتباط وزن‌خوانی فراگیرنده با این تمرینات از راه «حافظه طوطی‌وار یا تکرارهای تقلیدی ناآگاهانه»، لازم است درمراحل تمرین وزن خوانی، خطوط ریتم به صورت جابه‌جا شده[2] در مقابل دیدگان وی قرار داده شود.

همچنین رعایت دقیق موارد و مطالب اشاره شده در بخش‌های پیشین با عناوین «آشنایی با ریتم و ضرب» و «آشنایی با خط ریتم» ضروری است.

تمرینات خط ریتم ترکیبی بدون سکوت

مثال (۱)

---

۱. مرحله اول از سه مرحله مثلث ۱) بینایی ۲) ذهنی ۳) شنوایی ادراکی

۲. رجوع شود به بخش (آشنایی با خط ریتم).

مثال (۲)

مثال (۳)

الگوهای ریتم از مثال‌های (۱)، (۲) و (۳) به‌صورت جابه‌جا شده در خطوط ریتم ترکیبی زیر نوشته شده است.

جابه‌جا شده مثال (۱)

جابه‌جا شده مثال (۱)

جابه‌جا شده مثال (۲)

جابه‌جا شده مثال (۲)

جابه‌جا شده مثال (۳)

جابه‌جا شده مثال (۳)

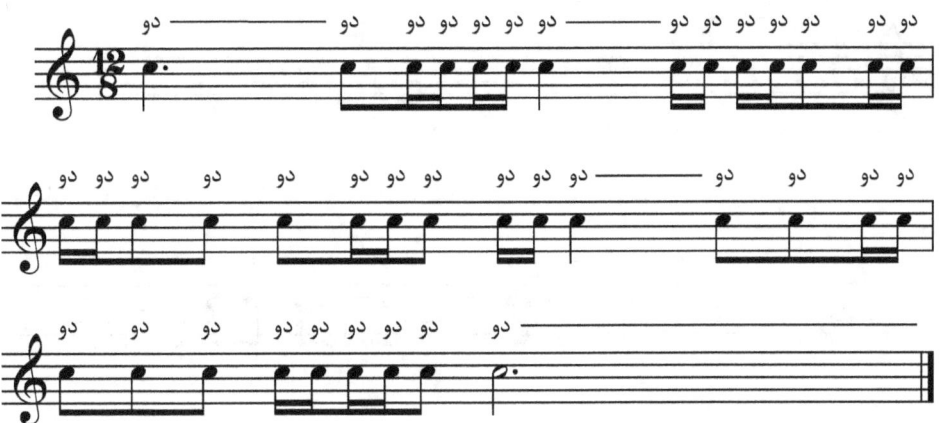

۱۹

اصوات موسیقایی هفتگانه در خطوط حامل (۳)

تمرینات این بخش نیز همان موارد و تمرینات ذکر شده در بخش «اصوات موسیقایی هفتگانه در خطوط حامل (۱)» است اما با این تفاوت که اکنون ذکر اسامی اصوات همراه با سرایش صوت آنها به دو صورت الف) تقلید صوت و ب) سرایش ذهنی (حفظی) موردنظر است.

الف) تقلید صوت

یکایک اصوات هریک از مثال‌های زیر را نخست برابر موارد ذکر شده در بخش «تقلید اصوات موسیقایی» تقلید صوت می‌کنیم.

مثال (۱)

مثال (۲)

مثال (۳)

مثال (۴)

مثال (۵)

ب) سرایش ذهنی (حفظی)

اکنون پس از دستیابی نسبی به تمرینات اشاره شده امکان سرایش آنها به صورت ذهنی نیز فراهم می‌شود و بدین ترتیب می‌توان مشابه مثال‌های موجود در این بخش را نیز به صورت

ذهنی (حفظی) سرایش کرد. این تمرین به تشخیص آنی ذهن فراگیرنده نسبت به موقعیت اصوات در کنار یکدیگر (به صورت متصل) و نیز تمیز دادن زیر و بمی صوت آنها نسبت به هم کمک بسیار مؤثری می‌کند.

دستیابی هرچه بیشتر فراگیرنده به تمرینات اشاره شده می‌تواند به آسانی راه‌گشای تشخیص آسان (اصوات) از راه شنوایی[۱] وی نیز باشد.

---

۱. مرحله سوم از سه مرحله مثلث ۱) بینایی ۲) ذهنی ۳) شنوایی ادراکی

۲۰

الگوهای ریتم ترکیبی با سکوت (۱)

این نوع از الگوهای ریتم، ترکیبی است و با سکوت ارائه می‌شود وزن‌خوانی آنها برابر دستورالعمل اشاره شده در بخش «تداوم و تقسیمات ارزش زمانی نت سیاه نقطه‌دار» از راه بینایی[1] (روخوانی) انجام می‌پذیرد. به عبارت دیگر، این تمرین برای تقویت ارتباط عینی اجراکننده با الگوهای ریتم در توالی هم به صورت خطوط ریتم نوشته شده است.

حرکت چشم به هنگام وزن‌خوانی باید از روشی پیروی کند که در بخش «نت‌خوانی» مقرر شده است. ضمناً به منظور جلوگیری از ارتباط اجرایی فراگیرنده با این تمرینات از راه «حافظه طوطی‌وار و یا تکرارهای تقلیدی ناآگانه» لازم است در مراحل تمرین وزن‌خوانی، همواره خطوط ریتم به صورت جابه‌جا شده[2] در مقابل دیدگان وی قرار داده شود.

همچنین رعایت دقیق دیگر موارد و مطالب اشاره شده در بخش‌های پیشین با عناوین «آشنایی با ریتم و ضرب»، «آشنایی با خط ریتم» و «نقش سکوت‌ها در روند اجرای موسیقی» ضروری است.

خط ریتم مثال (۱)

---

۱. مرحله اول از سه مرحله مثلث ۱) بینایی ۲) ذهنی ۳) شنوایی ادراکی

۲. رجوع شود به بخش «آشنایی با خط ریتم»

خط ریتم مثال (۲)

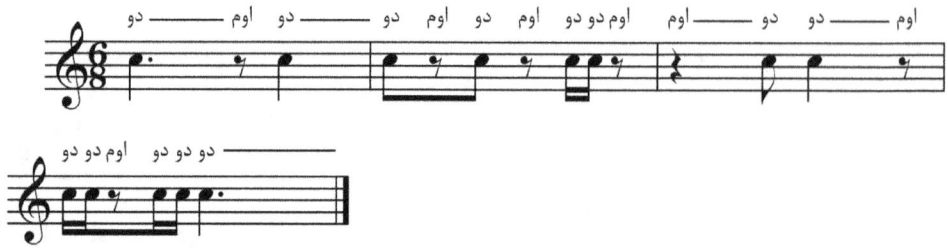

خط ریتم مثال (۳)

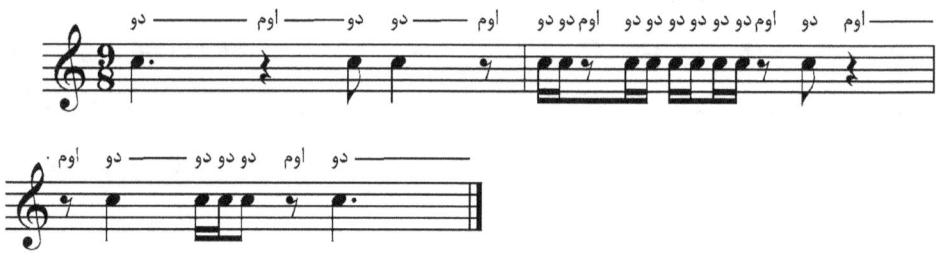

خط ریتم مثال (۴)

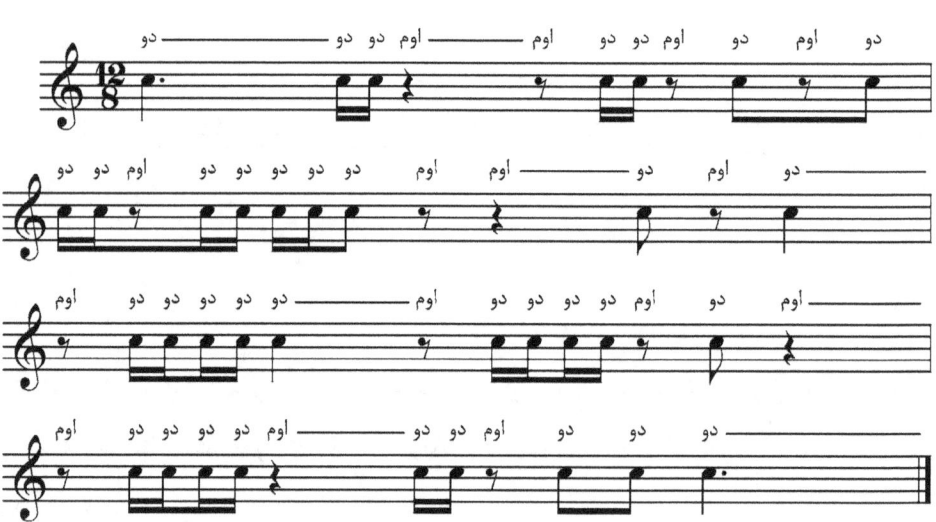

۲۱

اصوات موسیقایی هفتگانه در خطوط حامل (۴)

پیش‌نیاز این قسمت دستیابی و تسلط نسبی فراگیرنده بر بخش «اصوات موسیقایی هفتگانه در خطوط حامل (۲)» است. هدف این قسمت ایجاد امکان دستیابی وی به تشخیص تنها نام اصوات موسیقایی و نه صوت آنها در خطوط حامل به گونه «دوبه‌دو» و «سه به سه» است.

الف) «دوبه‌دو»: در این تمرین لازم است حرکت چشم جهت شناسایی سریع نام نت‌های اصوات موسیقایی به صورت« دوبه‌دو » برابر موارد و مطالب مقرر شده در بخش «نت‌خوانی» انجام پذیرد.

یعنی به محض ذکر نام «دو نت اول» چشم متوجه «دو نت دوم» شود و به عبارت دیگر، ذکر نام «دو نت اول» روی «دو نت دوم» انجام پذیرد و تا انتها بدین ترتیب ادامه یابد.

مثال

ب) «سه به سه»: این تمرین نیز همانند تمرین «دوبه‌دو» انجام می‌پذیرد ولی با این تفاوت که در هر حرکت چشم تصویر «سه نت» برداشته می‌شود. در حقیقت تمرین «سه به سه» را باید به صورت «تریوله»[1] انجام دهیم.

---

۱. رجوع شود به کتاب تئوری موسیقی

مثال

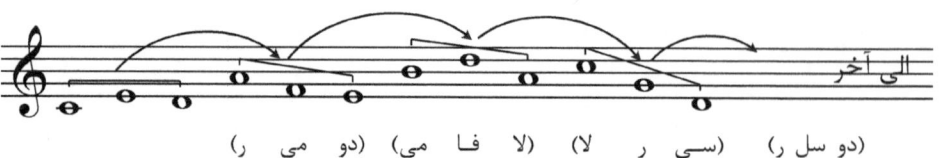

نت‌های این تمرینات بنابر موارد اشاره شده در بخش «آشنایی با اصوات موسیقایی» تنها با استفاده از «کلید سل» نگاشته نمی‌شوند. بلکه در بخش‌های بعدی با استفاده از کلید فا نیز ارائه می‌شوند.

رعایت دقیق ضربان منظم (مترونومیک) به هنگام اجرای این تمرینات، امری ضروری و اجتناب‌ناپذیر است.

خط‌های کم‌رنگ بر نت‌های مثال‌های زیر ترسیم نمی‌شوند و در حقیقت دید و تقسیم‌بندی ذهنی فراگیرنده نسبت به نت‌های نوشته شده است.

تمرین (۱): ذهنیت دوتایی بر نت‌ها (دوبه‌دو)

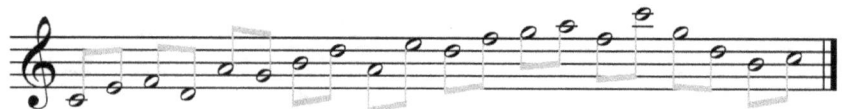

تمرین (۲): ذهنیت سه‌تایی بر نت‌ها (سه به سه)

این تمرینات می‌تواند به « **تعامل بین قوای بینایی و ذهنی**[1] » اجراکننده کمک بسیار مؤثری

---

۱. چشم تصاویر نت‌ها را به مغز می‌رساند و در پی آن مغز آن‌ها را به دوتایی یا سه تایی دسته بندی می کند.

نماید. مثال‌های زیر لازم است با دید ذهنی «دوبه‌دو» و «سه به سه» تمرین شود.

مثال (۱)

مثال (۲)

مثال (۳)

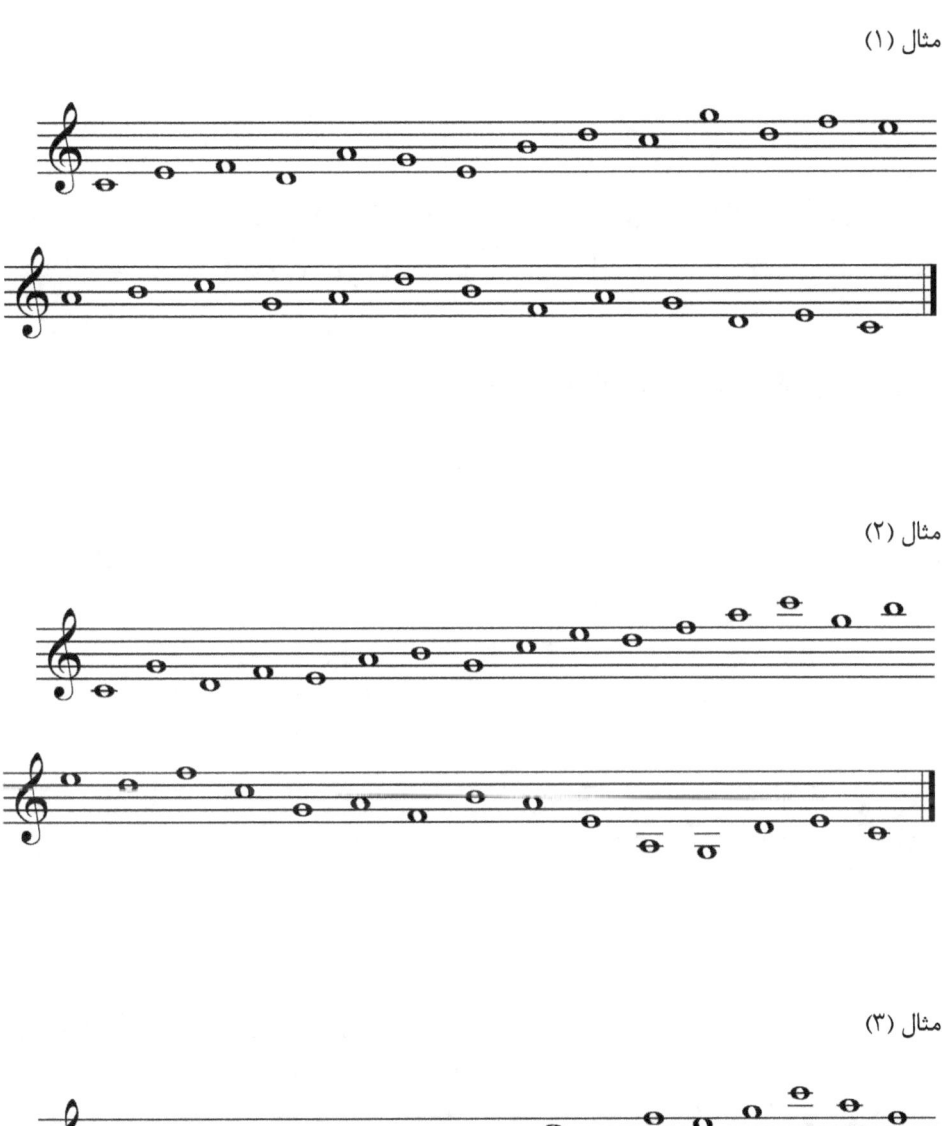

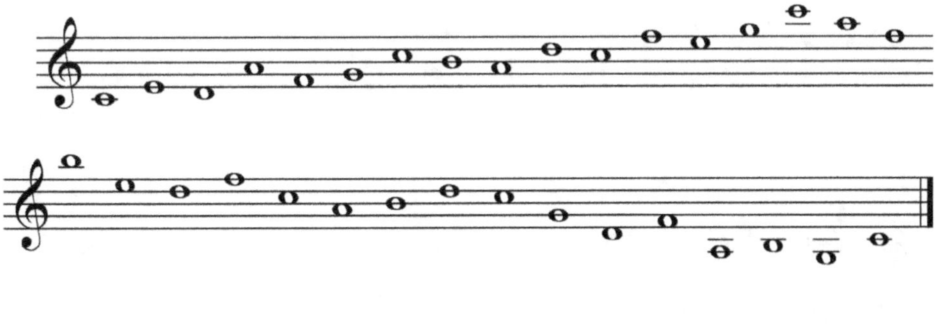

مثال (۴)

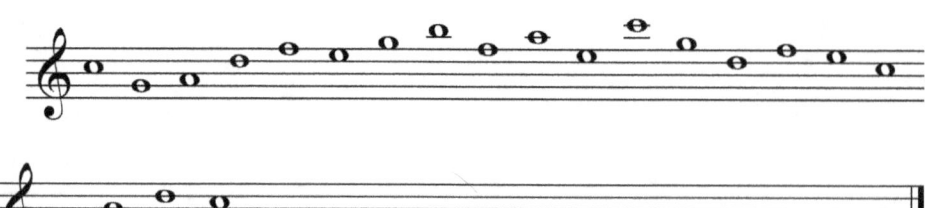

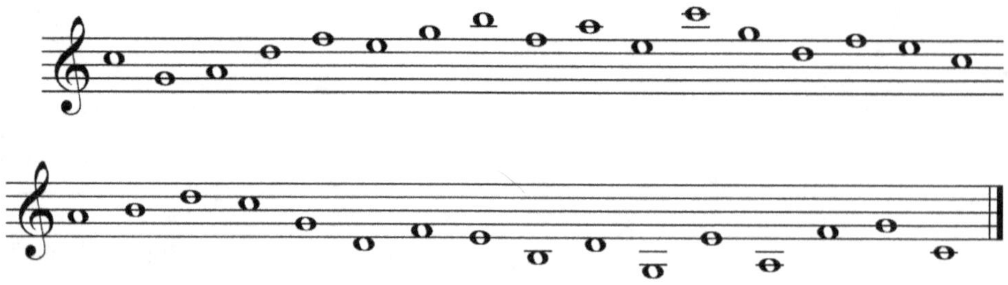

مثال (۵)

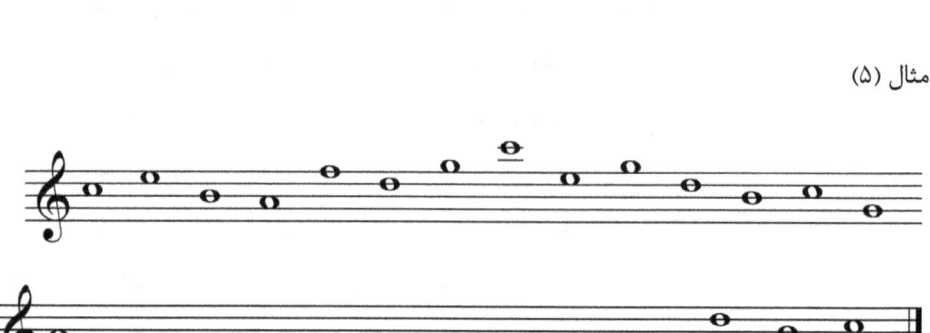

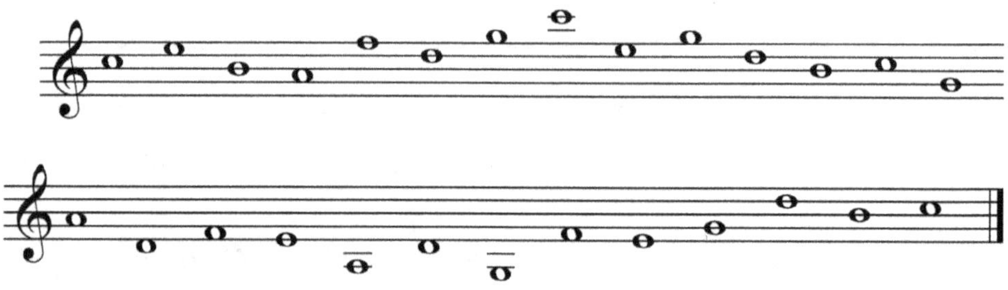

۲۲

اختلاط ریتم‌ها و اصوات موسیقایی (۱)

اختلاط ریتم‌ها و اصوات موسیقایی را نخست به سه صورت زیر انجام می‌دهیم.

الف) ریتم‌گذاری روی گام (یک نمونه ریتم)، (چند نمونه ریتم)

ب) گام‌گذاری روی خط ریتم (نمونه‌های متنوع ریتم)

پ) ریتم‌گذاری روی فواصل متصل (یک نمونه ریتم)، (چند نمونه ریتم)

در هر سه حالت اشاره شدهٔ بالا علاوه بر انجام تمرینات عینی و ذهنی به صورت جداگانه می‌توان با **هماهنگی بین قوای بینایی و ذهنی** نیز آشنا شد و با تمرینات گسترده به صورت ارائه شده در این بخش، این هماهنگی بسیار مهم را تقویت نمود.

الف) ریتم‌گذاری روی گام: ۱ ـ یک نمونه ریتم، ۲ ـ چند نمونه ریتم

۱ ـ یک نمونه ریتم (نت‌های گام، عینی ـ نمونه ریتم، ذهنی)

یک نمونه از الگوی ریتم مقرر شده در ذهن (به عنوان مثال:) را به صورت تکراری، روی نت‌های نوشته شده گام دوماژور در یک اکتاو (به صورت بالارونده و پایین‌رونده) همزمان **سرایش و وزن خوانی** می‌کنیم.

مثال: الگوی ریتم مقرر شده در ذهن:

الگوی ریتم ترسیم شده بالا در واقع همان الگوی ریتم مقرر شده در ذهن اجراکننده است.

به عبارتی دیگر خطوط کمرنگ در حقیقت همان نگاه ذهن فراگیرنده از الگوی ریتم مقرر شده می‌باشد.

تمرین قبل را می‌توان با استفاده از دیگر الگوهای ریتم ساده و ترکیبی از انواع بدون سکوت و با سکوت، نیز به انجام رسانید. لازم به ذکر است که هنگام اجرای نمونه ریتم‌های با سکوت هیچ یک از نت‌های اصوات گام حذف نمی‌شود. بنابراین سکوت‌ها بین آنها قرار می‌گیرند.

الگوی ریتم مقرر شده در ذهن:

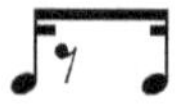

مثال‌های زیر با استفاده از یک نمونه ریتم برای انجام تمرینات فراگیرنده ارائه شده است.

الگوی ریتم مقرر شده در ذهن:

الگوی ریتم مقرر شده در ذهن:

الگوی ریتم مقرر شده در ذهن:

الگوی ریتم مقرر شده در ذهن:

الگوی ریتم مقرر شده در ذهن:

الگوی ریتم مقرر شده در ذهن:

الگوی ریتم مقرر شده در ذهن:

۲ ـ چند نمونه ریتم: (نمونهٔ ریتم‌ها و نت‌های اصوات گام، به صورت عینی)

لازم به ذکر است، تمرینات صفحه بعد به دلیل وجود نمونه‌های متنوع ریتم تنها به صورت عینی انجام می‌پذیرد.

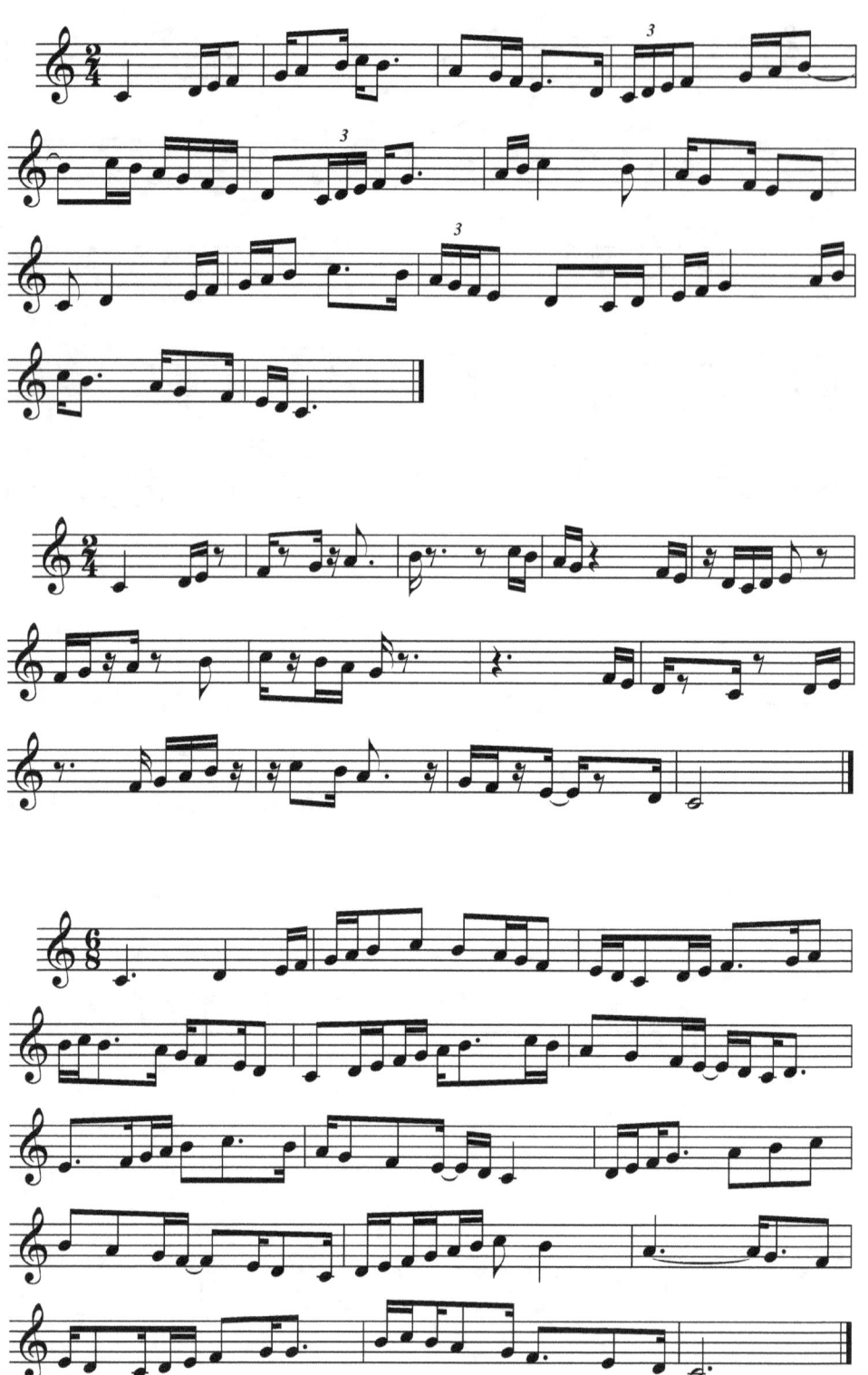

ب) گام‌گذاری روی خط ریتم (نمونه‌های متنوع ریتم، عینی ـ اصوات گام، ذهنی)

یکایک اصوات گام دوماژور به صورت پی‌درپی در یک اکتاو، (به روال بالارونده و پایین‌رونده) از راه ذهنی[1] روی هریک از اجزاء ریتم‌ها در خط ریتم از پیش نوشته شده، قرار می‌گیرند و همزمان **سرایش** و **وزن خوانی** می‌شوند.

خط ریتم ساده بدون سکوت

خط ریتم ساده با سکوت

---

۱. حفظی

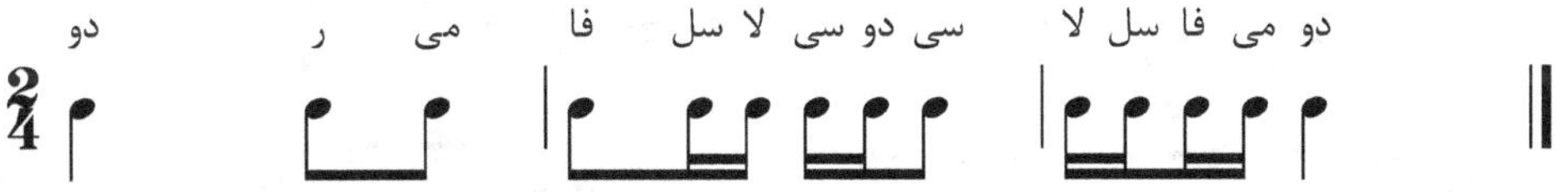

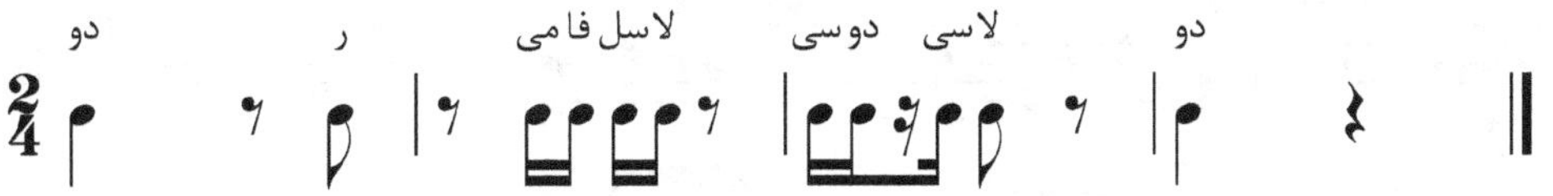

خط ریتم ترکیبی بدون سکوت

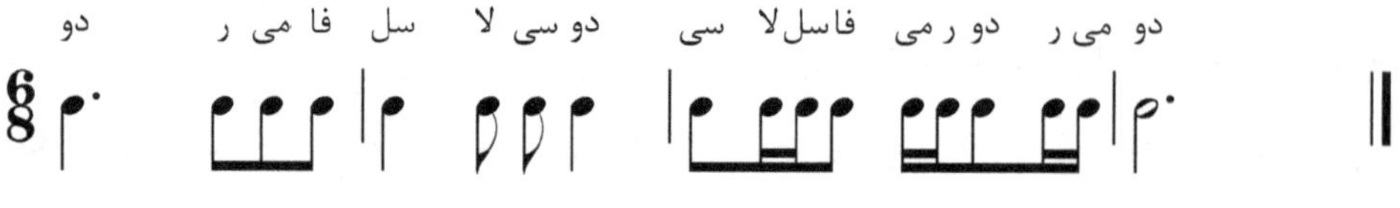

خط ریتم ترکیبی با سکوت

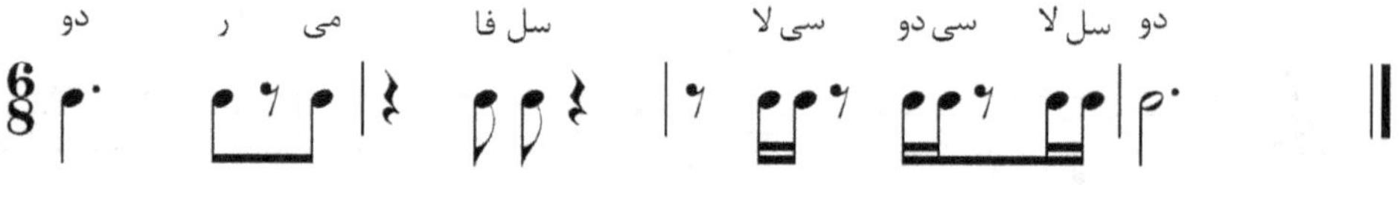

لازم به ذکر است که اسامی اصوات، بالای ریتم‌ها، نوشته نمی‌شود؛ بلکه این عمل به‌صورت ذهنی انجام می‌پذیرد. ضمناً آخرین صوت در خطوط ریتم (نت کشیده) همواره نت «اوت» یا پایهٔ گام خواهد بود. این مورد به‌منظور ایجاد حالت اختتام در انتهای هر خط ریتم و فرود به تونیک یا پایهٔ گام انجام می‌پذیرد.

پ) ریتم‌گذاری روی فواصل متصل: ۱ ـ یک نمونه ریتم، ۲ ـ چند نمونه ریتم

۱ ـ یک نمونه ریتم: (نت‌های اصوات متصل عینی ـ نمونه ریتم ذهنی)

یک نمونه از الگوی ریتم مقرر شده در ذهن (مثال: ♪♪♪) را به صورت تکراری (مانند مثال زیر) بر اصوات با فواصل متصل در تنالیته دوماژور سرایش[1] می‌کنیم.

خطوط کمرنگ ترسیم شده بر نت‌های اصوات نوشته شده درواقع همان الگوی ریتم مقرر شده در ذهن فراگیرنده است.

۱. سلفژ

۲ ـ چند نمونه ریتم: (نمونه ریتم‌ها و اصوات با فواصل متصل، عینی)

مثال‌هایی از نمونه‌های متنوع ریتم بر روی اصوات با فواصل متصل برای انجام تمرینات لازم ارائه شده است. این تمرینات به دلیل وجود نمونه‌های متنوع ریتم تنها به صورت عینی[۱] انجام می‌پذیرد.

تمرین ۱

تمرین ۲

---

۱. روخوانی

تمرین ۳

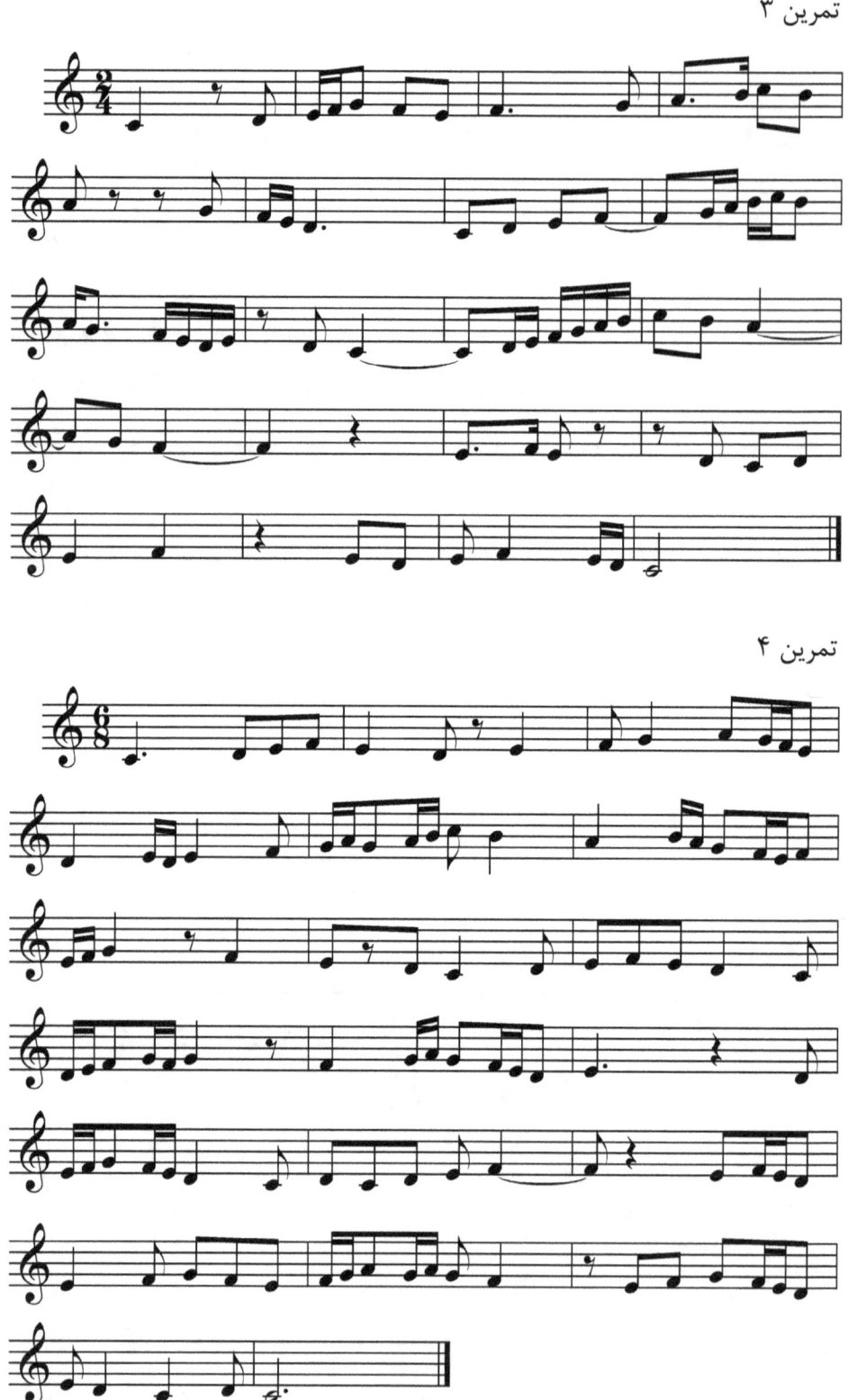

تمرین ۴

۲۳

آشنایی با نظریه جاذبه اصوات

بزرگان اهل علم از دیرباز براین باور بوده‌اند؛ که مابین اصوات موسیقایی و ریاضیات ارتباط تنگاتنگی موجود است و برپایه چنین نظمی، اصوات موسیقایی با مدارهای اجسام سماوی نیز در رابطه‌اند.

پیدایش و شکل‌گیری نظریه «جاذبه اصوات» در ذهن نگارنده کتاب نیز بر این اساس و با تأکید بر طبیعت موسیقی مبنی بر تمایل جذب‌شوندگی اصوات در محوریت یک تن به ابعاد یک «تتراکورد» بوده است.

نظریه جاذبه اصوات را می‌توان نخست در تنالیته دوماژور (به عنوان تنالیته مادر) به شکل زیر تجسم و ترسیم نمود.

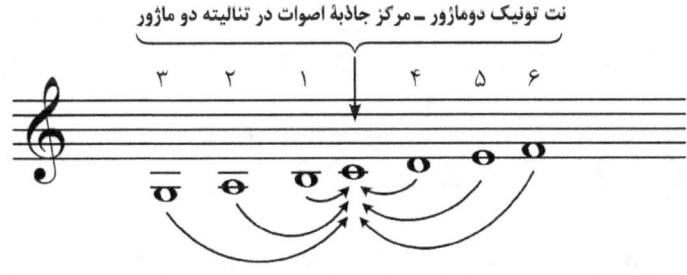

تمایل جذب‌شوندگی اصوات به سمت «تونیک» (به عنوان مثال در تنالیته دوماژور) را می‌توان به فاصله یک اکتاو زیرتر نیز چنین ترسیم نمود.

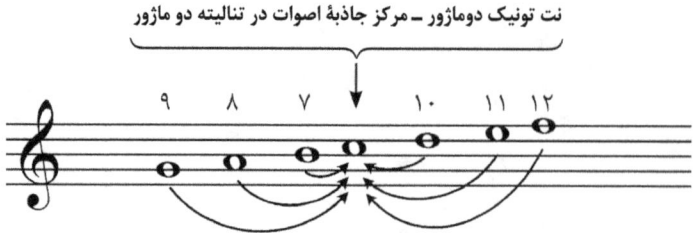

در ترسیمات بالا و صفحه قبل دوازده حرکت، بنابر تمایل جذب‌شوندگی اصوات به سمت «تونیک» تنالیته دوماژور نشان داده شده است.

تمایل حرکت و جذب شوندگی این اصوات در الگوی «جاذبه اصوات» به سمت مرکز (تونیک) باعث می‌شود فراگیرنده نسبت هر صوت تا تونیک آن تنالیته را به ذهن بسپارد. با توجه به اینکه انتهای حرکت همه اصوات به سمت «تونیک» است، بنابراین در صورت مقرر نمودن صوت «تونیک» هر تنالیته در ذهن، می‌توان دیگر اصوات در اطراف تونیک را در ابعاد یک تتراکورد به سهولت به دست آورد و سرایش نمود.

از آنجا که نسبت فواصل اصوات به تونیک در تمامی تنالیته‌های ماژور در مقایسه با یکدیگر ثابت و یکسان است، بنابراین تسلط بر سرایش «جاذبه اصوات» در تنالیته مادر «دوماژور» به آسانی در دیگر تنالیته‌های ماژور و متعاقباً با به کارگیری روشی که بعداً به آن می‌پردازیم در تنالیته‌های مینور نیز قابل تعمیم می‌باشد.

سرایش الگوی جاذبهٔ اصوات با رعایت ترتیب شماره‌ها «ترتیبی» و بدون رعایت ترتیب شماره‌های آن «غیرترتیبی» نامیده می‌شود.

در ترسیم صفحهٔ بعد بنابر نظریه جاذبه اصوات، نسبت فواصل اصوات به تونیک (نت دو) در تنالیته دوماژور همانند خورشید و سیارات آن نشان داده شده است.

چنانچه ملاحظه می‌شود، هریک از اصوات (سیارات) با حفظ فاصله خود با یکدیگر و نیز مرکز منظومه (نت تونیک) بدون برخورد با هم به درستی در مدار خود قرار گرفته‌اند.

فا
می
ر
سل
لا
سی
ر
می
فا
۹
۹
۴
۹
۹
۵
دو
۴ + ۵
۴ + ۵
۴
۴ + ۵
۴ + ۵
۵
سی
لا
سل

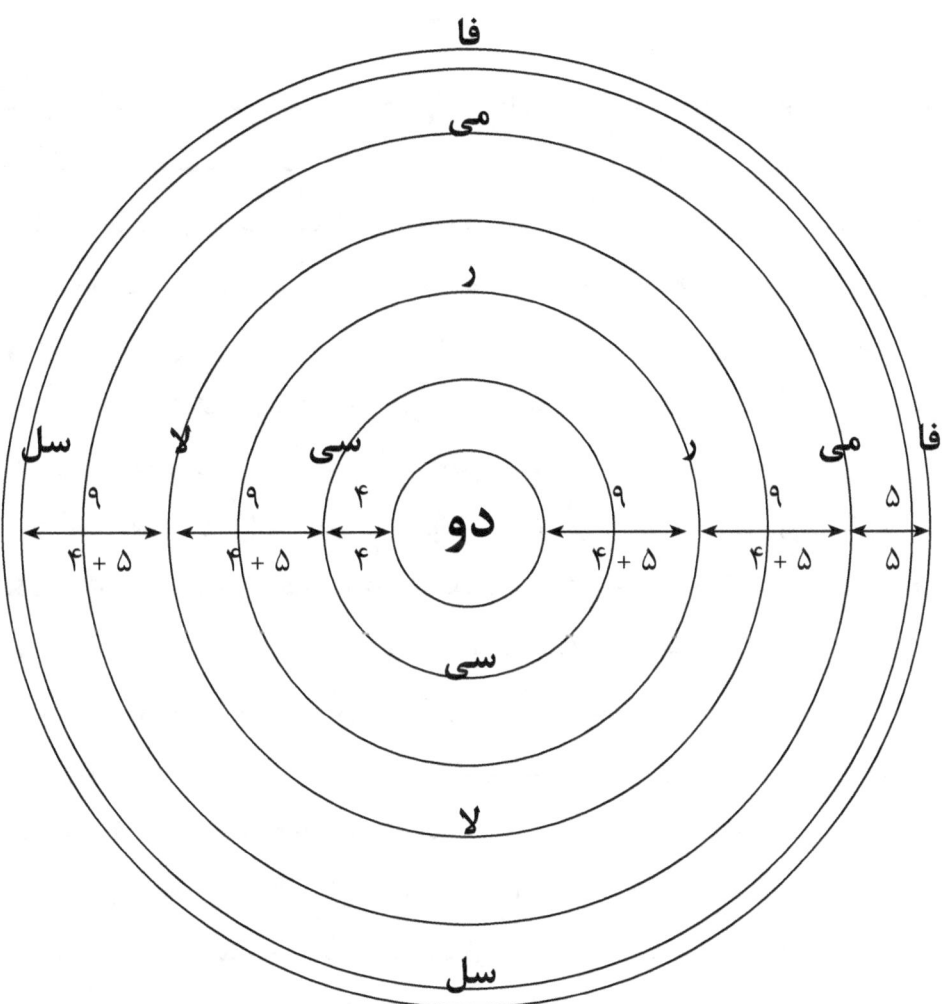

۲۴

الگوی جاذبهٔ اصوات «دوماژور» (۱)

چنانچه پیش از این نیز اشاره شد، الگوی جاذبهٔ اصوات را می‌توان به دو صورت زیر تقلید صوت کرد.

الف) تقلید صوت جاذبهٔ اصوات به صورت ترتیبی،

ب) تقلید صوت جاذبهٔ اصوات به صورت غیرترتیبی،

نخست الگوی جاذبهٔ اصوات دوماژور را به صورت ترتیبی (با رعایت ترتیب شماره‌های آن) برابر مثال زیر تقلید صوت[1] می‌کنیم.

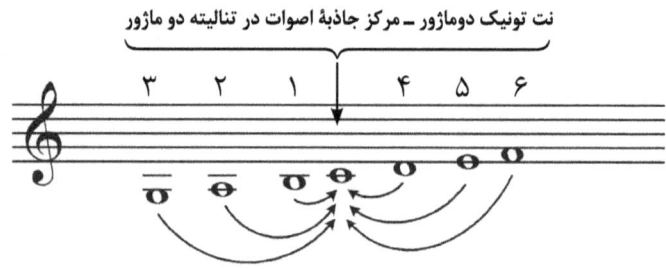

الف: الگوی جاذبه اصوات ترتیبی «دوماژور»

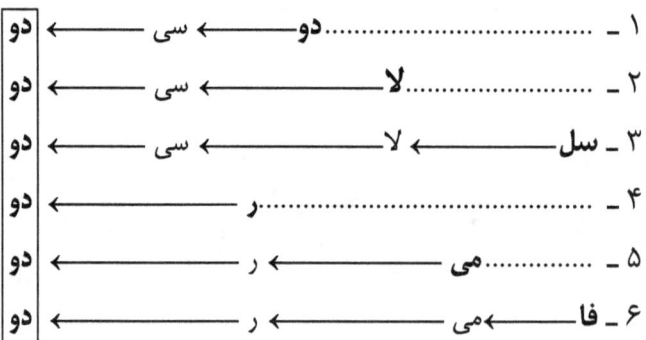

۱ ـ .... **دو** ← سی ← **دو**

۲ ـ .... **لا** ← سی ← **دو**

۳ ـ **سل** ← لا ← سی ← **دو**

۴ ـ .... **ر** ← **دو**

۵ ـ .... **می** ← ر ← **دو**

۶ ـ **فا** ← می ← ر ← **دو**

---

۱. رجوع شود به بخش (تقلید اصوات موسیقایی)

پیگیری عمل تقلید صوت الگوی جاذبهٔ اصوات ترتیبی دوماژور تا اندازه‌ای لازم است که فرد بتواند تمامی مراحل آن را (بدون یاری جستن از صدای ساز «پیانو») به صورت ذهنی[1] سرایش کند.

پس از تسلط نسبی به تقلید صوت الگوی جاذبهٔ اصوات به صورت ترتیبی، لازم است آن را به صورت غیرترتیبی نیز (مشابه مثال زیر) تقلید صوت کنیم.

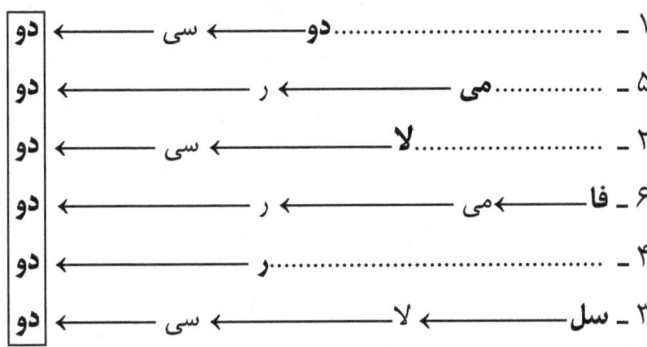

ب: الگوی جاذبه اصوات غیر ترتیبی «دوماژور»

۱ ـ .... **دو** ⟵ سی ⟵ **دو**
۵ ـ .... **می** ⟵ ر ⟵ **دو**
۲ ـ .... **لا** ⟵ سی ⟵ **دو**
۶ ـ **فا** ⟵ می ⟵ ر ⟵ **دو**
۴ ـ .... **ر** ⟵ **دو**
۳ ـ **سل** ⟵ لا ⟵ سی ⟵ **دو**

در تقلید صوت الگوی جاذبهٔ اصوات به صورت غیرترتیبی لازم است همواره اولین حرکت، شماره یک باشد تا صوت مبنا یا تونیک گام در ذهن فراگیرنده مقرر شود.

پس از انجام تمرینات لازم در ارتباط با موارد ذکر شده همان الگوی جاذبهٔ اصوات دوماژور را به هر دو صورت ترتیبی و غیرترتیبی عیناً یک اکتاو زیرتر نیز تقلید صوت می‌کنیم.

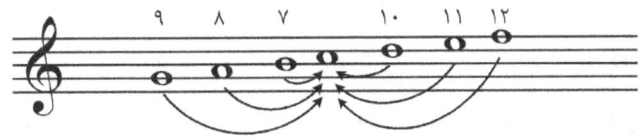

---

۱. حفظی

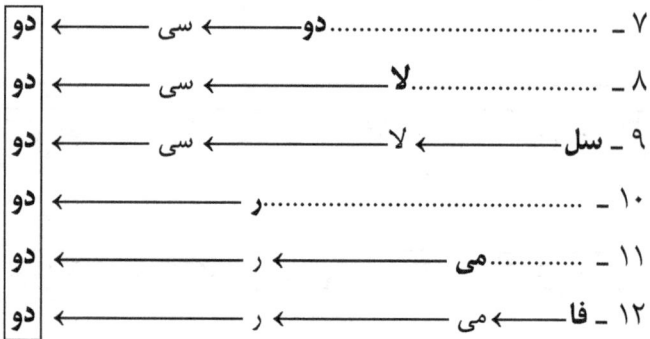

۷ ـ ....**دو** ← سی ← **دو**

۸ ـ ....**لا** ← سی ← **دو**

۹ ـ **سل** ← لا ← سی ← **دو**

۱۰ ـ ....**ر** ← **دو**

۱۱ ـ ....**می** ← ر ← **دو**

۱۲ ـ **فا** ← می ← ر ← **دو**

اکنون شماره‌های (۱) الی (۱۲) از الگوی جاذبۀ اصوات دوماژور رابه صورت «ترتیبی» و «غیرترتیبی» تقلید صوت می‌کنیم.

مثال‌های زیر برای تقلید صوت «غیرترتیبی» جاذبه اصوات دوماژور ارائه شده است.

مثال(۱)

مثال(۲)

مثال (۳)

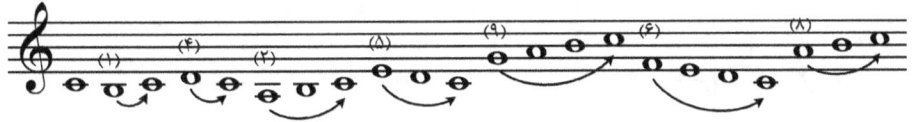
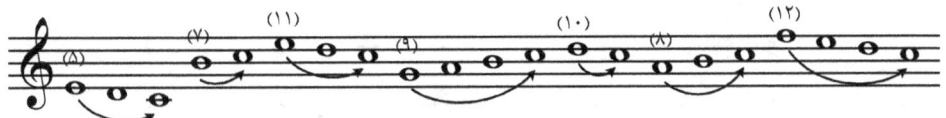
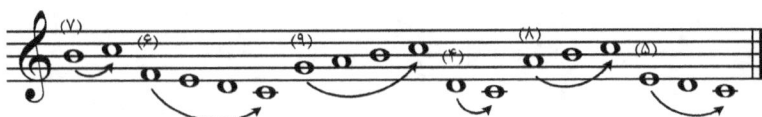

۲۵

اصوات موسیقایی هفتگانه در خطوط حامل (۵)

تسلط نسبی بر «اصوات موسیقایی هفتگانه در خطوط حامل (۴)» پیش‌نیاز این بخش است.

در این تمرین، امکان دستیابی به تشخیص نام اصوات موسیقایی در خطوط حامل، همراه با اجرای یک الگوی ریتم ایجاد می‌شود. در نمونه زیر به عنوان مثال الگوی ریتم ( ) در ذهن فراگیرنده انتخاب می‌شود و با تکرار آن بر روی نت‌های نوشته شده، تمرین «تشخیص تنها نام اصوات موسیقایی هفتگانه در خطوط حامل با ریتم‌گذاری» به صورت وزن‌خوانی، همراه با ذکر اسامی نت‌های اصوات موسیقایی برای دستیابی به **هماهنگی بین قوای بینایی و ذهنی** وی انجام می‌پذیرد.

مثال (۱): الگوی ریتم مقرر شده در ذهن (ساده بدون سکوت)

در تمرینات این بخش چنانچه اشاره شد، تنها ذکر اسامی نت‌های اصوات موسیقایی (و نه سرایش صوت آنها) موردنظر است. و بنابر اشاره بالا تمرینات این بخش هماهنگی بین قوای بینایی و ذهنی[1] فراگیرنده را تقویت می‌کند. زیرا چشم وی نت‌های اصوات موسیقایی را می‌بیند و ذهن او همزمان روی آنها یک الگو از ریتم تجسم شده را همراه با ذکر اسامی نت‌های اصوات موسیقایی وزن‌خوانی می‌کند.

---

۱. نت‌های نوشته شده به صورت عینی و خطوط کم‌رنگ ریتم‌ها به صورت ذهنی اجرا می‌شوند.

در تمرینات زیر نمونه‌هایی از انواع الگوهای ریتم (ساده و ترکیبی بدون سکوت و با سکوت) به عنوان مثال ارائه شده است.

لازم به ذکر است خطهای کم رنگ حایل بر نت‌های نوشته شده در واقع همان الگوی ریتم مقرر شده در ذهن اجراکننده است. به عبارتی دیگر این خطوط کم رنگ همان نگاه ذهنی فراگیرنده به تقسیمات ریتمیک نت‌های اصوات موسیقایی است.

مثال (۱) الگوی ریتم ساده بدون سکوت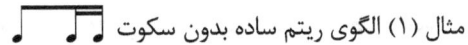

مثال (۲) الگوی ریتم ساده بدون سکوت

مثال (۳) الگوی ریتم ساده با سکوت

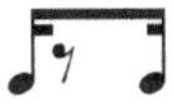

مثال (۴) الگوی ریتم ساده با سکوت

مثال (۵) الگوی ریتم ترکیبی بدون سکوت

مثال (۶) الگوی ریتم ترکیبی بدون سکوت

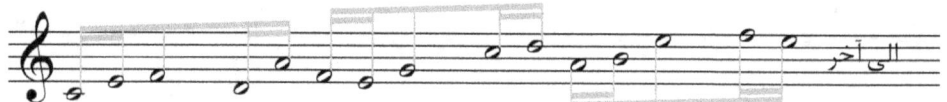

مثال (۷) الگوی ریتم ترکیبی با سکوت

مثال (۸) الگوی ریتم ترکیبی با سکوت

در تداوم تمرینات بالا، می‌توان روی نت‌های اصوات موسیقایی نوشته شده نمونه‌های گوناگون از الگوهای ریتم مقرر شده در ذهن را با ذکر اسامی نت‌های اصوات موسیقایی همزمان وزن‌خوانی کرد.

۲۶

الگوهای ریتم ساده بدون سکوت (۳)

پیش‌نیاز این بخش دستیابی فراگیرنده به تسلط نسبی بر «الگوهای ریتم ساده بدون سکوت (۲)» است. هدف این بخش ایجاد امکان درک فراگیرنده نسبت به انواع الگوهای ریتم ساده بدون سکوت از راه «شنوایی» است.

نمونه ریتم‌های ساده بدون سکوت یک ضربی و دوضربی صفحهٔ بعد باید توسط آموزش‌دهنده به ترتیب شماره‌ها برای تربیت شنوایی فراگیرنده به کار گرفته شود.

هر اندازه فرد یادگیرنده بتواند فراخوان ذهنی[۱] ریتم‌ها را از راه بداهه‌پردازی ریتم‌ها (ذهنی) در خود تقویت کند به همان نسبت درک آنها (ریتم‌ها) از راه شنوایی نیز برای وی سهل‌تر خواهد شد.

آموزش‌دهنده می‌تواند با اجرای[۲] یکایک الگوهای ریتم (به ترتیب نوشته شده در این بخش) و متعاقباً تشخیص شکل نوشتاری آنها از راه شنوایی توسط فراگیرنده، به تدریج درک شنوایی وی را نسبت به انواع الگوهای ریتم تقویت کند و از این راه شناخت شنوایی ادراکی فراگیرنده را نسبت به انواع نمونه‌های ریتم توسعه بخشد.

همین‌طور فراگیرندگان می‌توانند با جستجو و یافتن نمونه‌های آسان از ریتم در آثار موسیقی از راه شنوایی و متعاقباً با سعی در تشخیص شکل نوشتاری آنها در ذهن نسبت به درک ریتم‌ها از راه شنوایی خود،کمک مؤثری نمایند.

---

۱. مرحله دوم از سه مرحله مثلث ۱) بینایی ۲) ذهنی ۳) شنوایی ادراکی

۲. آموزش‌دهنده می‌تواند یکایک الگوهای ریتم مذکور را به ترتیب شماره‌ها وزن‌خوانی و یا با ضربان کف دست‌ها به یکدیگر و یا هر وسیلهٔ ممکن اجرا کند. متعاقباً، فراگیرنده با شنیدن هر الگوی ریتم ملزم به تشخیص شکل نوشتاری آنها در ذهن و سپس بیان آن خواهد بود.

نمونهٔ ریتم‌های ساده بدون سکوت دوضربی

نمونهٔ (۱)

نمونهٔ (۲)

نمونهٔ (۳)

نمونهٔ (۴)

نمونهٔ (۵)

نمونهٔ (۶)

نمونهٔ (۷)

نمونهٔ ریتم‌های ساده بدون سکوت یک ضربی

نمونهٔ (۱)

نمونهٔ (۲)

نمونهٔ (۳)

نمونهٔ (۴)

نمونهٔ (۵)

نمونهٔ (۶)

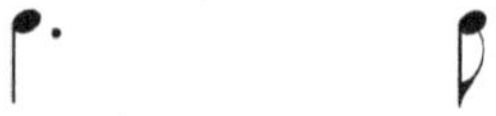

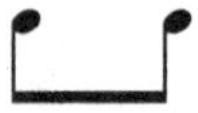

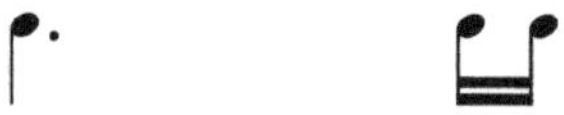

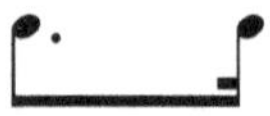

نمونهٔ (۷)

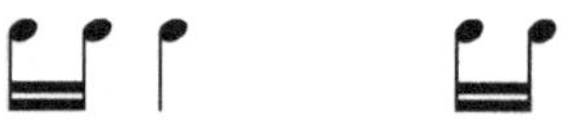

نمونهٔ (۸)

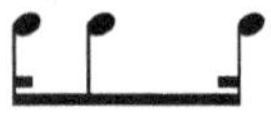

هنگام اجرای تمرینات بالا لازم است آموزش‌دهنده و فراگیرنده از ضربه‌های مشترک و همزمان مترونومیک با مقرر کردن هر ضربه پا معادل یک سیاه استفاده کنند.

برای تمرین تشخیص ریتم از راه شنوایی، در صورتی که از کمک کسی برخوردار نباشیم، چنانچه پیش از این نیز اشاره شد، با گوش فرادادن مکرر به بخشی از آثار موسیقی، در تشخیص الگوهای ریتم آن بکوشیم.

ریتم‌ها را می‌توان بدون رعایت میزان‌بندی در نظر گرفت. حتی لزومی ندارد ریتمی که تشخیص می‌دهید، با ریتم اصلی قطعه از نظر میزان‌بندی دقیقاً یکی باشد.

کافی است که نسبت هر ارزش ریتم به ارزش ریتم دیگر با همان نسبت در نت‌نویسی اصلی اثر موسیقی مورد نظر رعایت شود.

برای مثال: اگر نت اصلی در مقطعی چنین شکلی داشته باشد | ♩ 𝄽 ♩ ♫ | ۴/۴ اما شما آن را این طور دریافته‌اید | ♫ 𝄾 ♪ ♬ | ۲/۴ یا برعکس، هیچ ایرادی ندارد چرا که نسبت ارزش‌های ریتم باهم در هر دو حالت یکی است. آنچه تفاوت می‌کند تنها تقسیمات داخل هر واحد ضرب و نحوهٔ میزان‌بندی است.

در حالت اول میزان‌بندی دقیقاً دو برابر حالت دوم است. بنابراین «واحد ضرب» در هر دو مورد یکسان (در اینجا نت ♩) اما میزان‌بندی متفاوت است.

ممکن است چنین تشابهی در نسبت ارزش‌های ریتم به یکدیگر، از طریق دیگری نیز حاصل شود یعنی: تندا (Tempo) در هر دو مورد یکسان اما «واحد ضرب» متفاوت باشد.

♩ = 120   ♩   𝄽   ♩   ♫

♪ = 120   ♪   𝄾   ♪   ♬

با انتخاب نمونه ریتم‌های دیگری می‌توان به حالت سومی نیز دست یافت: «واحد ضرب» و تندا (Tempo) در هر دو متفاوت:

♩ = 120   ♩   𝄽   ♩   ♫

♪ = 80   ♪   𝄾   ♪   ♬

در حالت چهارم «واحد ضرب» و تندا (Tempo) در هر دو متفاوت است ولی نتیجه اجرای هر دو، یکی است.

۲۷

سنجش زیر و بمی متصل اصوات در تنالیته «دوماژور» (۲)

پیش‌نیاز این بخش دستیابی لازم فراگیرنده به «سنجش زیر و بمی متصل اصوات در تنالیته دوماژور (۱)» است.

به منظور آشنایی و تسلط ذهنی هرچه بیشتر فراگیرنده نسبت به اصوات گام دوماژور به صورت غیرمتوالی، مشابه نمونه زیر را که در محدوده یک اکتاو نوشته‌شده است به سه طریق تکی، دوبه‌دو و سه به سه به صورت ذهنی[1] سرایش می‌کنیم.

اصوات زیر به علت ذهنی بودن آنها به‌صورت کم‌رنگ نوشته شده‌اند.

بدیهی است عمل سرایش ذهنی، مشابه مثال بالا و به صورت فی‌البداهه، بدون کمک گرفتن از صدای ساز (پیانو) و بدون نگاه به نت‌های اصوات انجام می‌پذیرد. در صورت لزوم تنها اصوات دو ـ می ـ سل را در زمان مواجه شدن با آنها به هنگام سرایش ذهنی به وسیله ساز (پیانو) کنترل و بنابر نیاز، صدای خود را با صدای ساز (پیانو) «کوک» می‌کنیم.

این کنترل در مراحل پیشرفتهٔ تمرینات ذکر شده تنها بر اصوات تونیک ـ نمایان و اکتاو

۱.اصوات از راه ذهنی (فی‌البداهه) سرایش می‌شوند ـ مرحله دوم از مراحل سه‌گانه مثلث ۱) بینایی ۲) ذهنی ۳) شنوایی‌ادراکی.

انجام می‌پذیرد که به تدریج از انجام این مورد نیز بی‌نیاز خواهیم شد.

سرایش ذهنی (بداهه‌خوانی) یکایک اصوات مشابه مثال صفحه قبل در صورتی که جداگانه و یک به یک انجام پذیرد، سنجش زیر و بمی اصوات در تنالیته دوماژور به صورت تکی می‌گوییم.

این تمرین لازم است با انتخاب «دوبه‌دو» و نیز «سه به سه» اصوات موسیقایی مشابه مثال‌های زیر به صورت ذهنی (بداهه‌خوانی) انجام پذیرد.

نت‌های مثال‌های زیر به علت ذهنی بودن آن‌ها، به‌صورت کم‌رنگ ترسیم شده است.

تمرین دوبه‌دو

تمرین سه به سه

لازم به ذکر است با ممارست فراگیرنده در تمرینات این بخش به تدریج، امکان آمادگی درک شنوایی[1] وی نیز نسبت به اصوات در تنالیته دوماژور فراهم می‌گردد. به عبارتی دیگر تسلط ذهنی هرچه بیشتر فراگیرنده به تمرینات مذکور، راه‌گشای درک آسان‌تر آنها (اصوات) از راه شنوایی وی نیز خواهد بود.

---

۱. مرحله سوم از مراحل سه‌گانه مثلث ۱) بینایی ۲) ذهنی ۳) شنوایی ادراکی

۲۸

الگوهای ریتم ساده با سکوت (۲)

تسلط نسبی بر بخش «الگوهای ریتم ساده با سکوت (۱)» پیش‌نیاز این قسمت است.

نوع الگوهای ریتم موردنظر این بخش ساده است و با سکوت ارائه می‌شود. وزن‌خوانی آن به صورت ذهنی (بداهه)[1] است.

در این تمرین ذهن فراگیرنده به جستجوی نمونهٔ ریتم‌های متنوع از نوع «ساده با سکوت» مکلف می‌شود. و یکایک آنها را به صورت پی‌درپی با ضرب زدن منظم وزن‌خوانی بداهه می‌کند. این عمل بدون تردید می‌تواند در جهت رشد خلاقیت و حضور ذهن هر چه بیشتر فراگیرنده نسبت به انواع الگوهای ریتم ساده با سکوت مؤثر و مفید واقع شود.

با ممارست فراگیرنده در تمرینات مذکور به تدریج آمادگی درک شنوایی وی نیز نسبت به انواع الگوهای ریتم «ساده با سکوت» مقدور می‌گردد. به عبارتی دیگر درک شنوایی فراگیرنده نسبت به این ریتم‌ها در گرو فعالیت هرچه گسترده‌تر ذهنی[2] وی در تمرینات ذکر شده می‌باشد.

رعایت دقیق و صحیح موارد و مطالب اشاره شده در بخش‌های «آشنایی با ریتم و ضرب»، «تداوم و تقسیمات ارزش زمانی نت سیاه» و «آشنایی با خط ریتم» برای انجام بهتر تمرینات این بخش کاملاً ضروری است.

خطوط ریتم مثال‌های صفحه بعد، چیزی است که از آغاز تمرینات این بخش لازم است مشابه آن در ذهن فراگیرنده تجسم یافته و فی‌البداهه وزن‌خوانی شوند.

---

۱. نمونهٔ ریتم‌های ساده با سکوت به صورت پی‌درپی و با رعایت نظم در ضرب زدن به صورت ذهنی (بداهه) وزن‌خوانی می‌شوند.

۲. فراخوان ذهنی ریتم

مثال (۱)

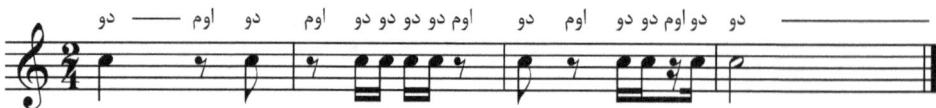

مثال (۲)

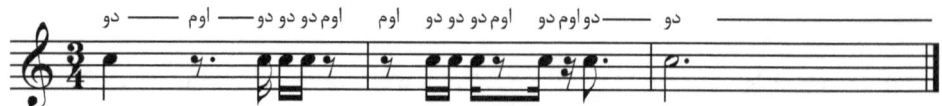

مثال ۳

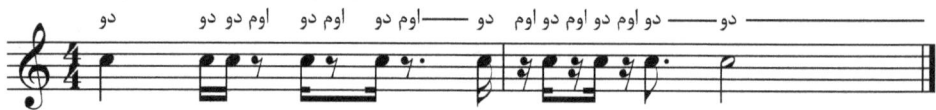

مثال ۴

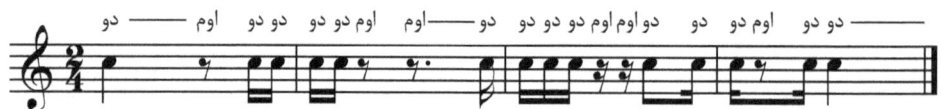

مثال (۵)

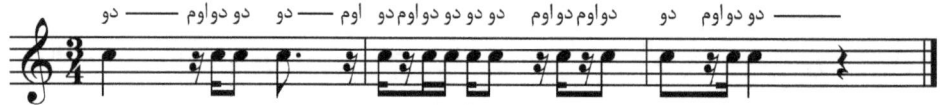

مثال (۶)

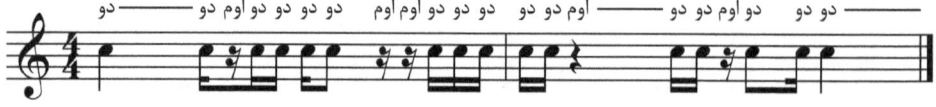

۲۹

اصوات موسیقایی هفتگانه در خطوط حامل (۶)

در این بخش امکان دستیابی عینی (بینایی) فراگیرنده نسبت به سنجش آنی موقعیت نت‌های اصوات موسیقایی در خطوط حامل با استفاده از «کلید فا» (𝄢) ایجاد می‌شود.

در تمرین این بخش با قراردادن حدود بیست الی سی نت از اصوات موسیقایی در محل‌های گوناگون خطوط حامل (با کلید فا)، تنها با ذکر اسامی[۱] آنها (نت‌ها) در سرعت مقدور به سنجش موقعیت نت‌های اصوات موسیقایی در خطوط حامل می‌پردازیم.

این تمرینات لازم است برابر موارد ذکر شده در «بخش نت‌خوانی» عمل شود. بنابراین با توجه به لزوم حرکت چشم به جلو ذکر نام هر نت از اصوات موسیقایی بر روی بعدی انجام می‌پذیرد.

مثال

چنانچه اشاره شد، این تمرین برای تشخیص نام نت‌های اصوات موسیقایی در خطوط حامل با استفاده از (کلید فا ـ خط چهارم) و به گونهٔ **تکی** است. ضمناً به هنگام تمرینات، برای عدم استفاده از حافظهٔ طوطی‌وار (در اثر تداوم تکرار)، لازم است پس از چند مرحله تمرین روی یک ردیف از نت‌های اصوات موسیقایی، ردیف جدیدی از نت‌ها در مقابل دیدگان فراگیرنده قرار داده شوند.

---

۱. بدیهی است که فعلاً تنها ذکر اسامی نت‌های اصوات موسیقایی (بدون سرایش صوت آنها) منظور است.

تمرینات مثال صفحه‌ی قبل لازم است با انتخاب «دوبه‌دو» و «سه به سه» نت‌های‌اصوات موسیقایی برابر مثال‌های زیر نیز انجام پذیرد.

توجه: خطوط کم‌رنگ در حقیقت همان نگاه ذهنی فراگیرنده به تقسیمات (دوبه‌دو) و (سه به سه) نت‌هاست که در واقع ترسیم نمی‌شوند.

تمرین دوبه‌دو

تمرین سه به سه

۳۰

الگوهای ریتم ترکیبی بدون سکوت (۲)

تسلط لازم بر موارد ذکر شده در بخش «الگوهای ریتم ترکیبی بدون سکوت (۱)» پیش‌نیاز این قسمت است.

الگوهای ریتم ترکیبی بدون سکوت مشابه مثال‌های زیر را به صورت ذهنی[1] (وزن‌خوانی بداهه) با رعایت نظم در ضرب زدن به روال، پی‌درپی وزن‌خوانی بداهه می‌کنیم.

به عبارتی دیگر مثال‌های زیر مشابه آن چیزی است که لازم است فراگیرنده به صورت فراخوان ذهنی وزن‌خوانی بداهه کند.

مثال (۱)

مثال (۲)

---

۱. فراخوان ذهنی ریتم

مثال (۳)

مثال (۴)

مثال (۵)

در این تمرین ذهن فراگیرنده به جستجوی نمونهٔ ریتم‌ها مکلف می‌شود و یکایک آنها را به صورت پی‌درپی با رعایت ضربان منظم[۱] همانند مثال‌های ارائه شده وزن‌خوانی بداهه می‌کند.

چنانچه پیش از این اشاره شد این تمرینات تنها به منظور ایجاد ارتباط ذهنی فراگیرنده با نمونه‌های گوناگون از ریتم‌های ترکیبی بدون سکوت است. با انجام این تمرینات توسط فراگیرنده بدون تردید، به تدریج می‌توان به تشخیص این‌گونه از رتیم‌ها از راه شنوایی[۲] وی نیز کمک شایانی کرد یعنی تسلط ذهنی هر چه بهتر فراگیرنده به تمرینات مذکور راه‌گشای درک آسان‌تر آنها از راه شنوایی وی نیز خواهد بود.

---

۱. مترونومیک

۲. دیکته موسیقی، مرحله سوم از مراحل سه‌گانه مثلث ۱) بینایی ۲) ذهنی ۳) شنوایی ادراکی

۳۱

الگوی جاذبهٔ اصوات «دوماژور» (۲)

پیش‌نیاز این قسمت، دستیابی و تسلط نسبی فراگیرنده بر بخش «الگوی جاذبه اصوات دوماژور (۱)» است. هدف این بخش امکان دستیابی وی به سرایش ذهنی (حفظی) یکایک مراحل الگوی جاذبهٔ اصوات دوماژور اعم از روند ترتیبی و غیرترتیبی آن است.

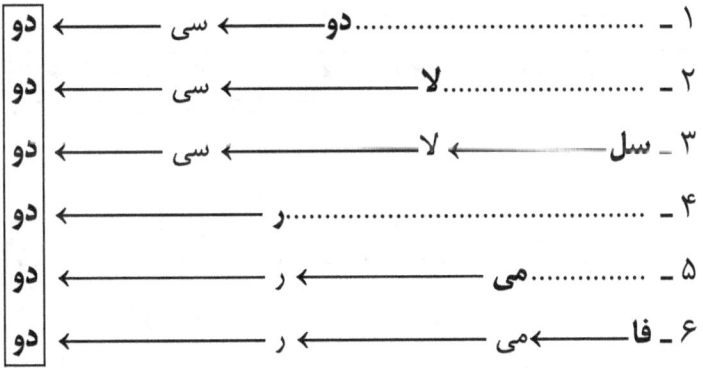

الگوی جاذبهٔ اصوات دو ماژور به‌صورت ترتیبی

۱ ـ .... **دو** ← سی ← **دو**

۲ ـ .... **لا** ← سی ← **دو**

۳ ـ **سل** ← لا ← سی ← **دو**

۴ ـ .... **ر** ← **دو**

۵ ـ .... **می** ← ر ← **دو**

۶ ـ **فا** ← می ← ر ← **دو**

پس از تسلط نسبی بر سرایش ذهنی الگوی جاذبه اصوات دوماژور به صورت ترتیبی، لازم است آن را به صورت غیرترتیبی مشابه مثال صفحه‌ی روبه‌رو نیز تمرین نماییم.

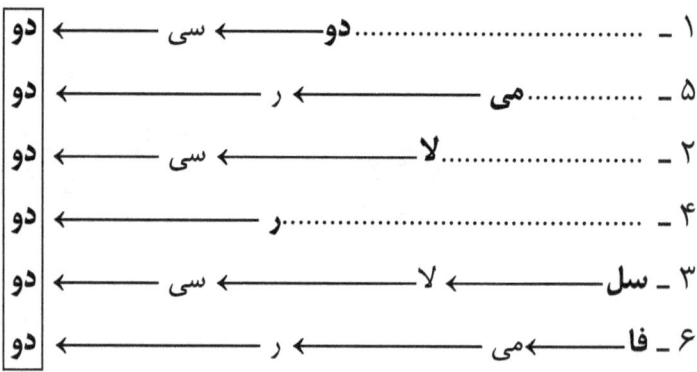

الگوی جاذبهٔ اصوات دو ماژور به‌صورت غیر ترتیبی

۱ ـ ....**دو** ← سی ← **دو**

۵ ـ ....**می** ← ر ← **دو**

۲ ـ ....**لا** ← سی ← **دو**

۴ ـ ....**ر** ← **دو**

۳ ـ **سل** ← لا ← سی ← **دو**

۶ ـ **فا** ← می ← ر ← **دو**

اجرای ذهنی الگوی جاذبهٔ اصوات دوماژور توسط فراگیرنده به صورت ترتیبی[1] و خصوصاً غیرترتیبی[2] امکان سرایش اصوات با فواصل منفصل در این تنالیته را برای وی به نحو مطلوب فراهم می‌سازد.

تسلط ذهنی هرچه بیشتر فراگیرنده به تمرینات مذکور راه‌گشای درک آسان‌تر آنها از راه شنوایی وی نیز خواهد بود.

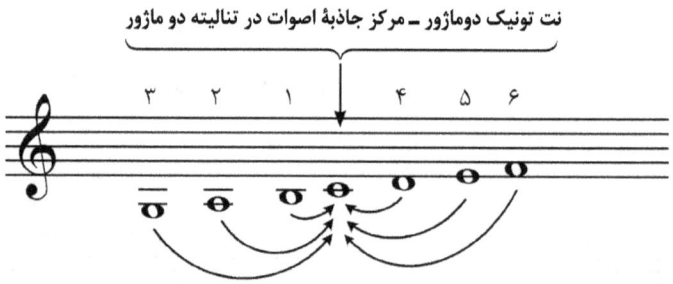

پس از انجام تمرینات لازم موارد اشاره شده، الگوی جاذبه اصوات دوماژور را به هر دو صورت

---

۱. بنابر رعایت ترتیب شماره‌های الگوی جاذبهٔ اصوات دوماژور

۲. بنابر عدم رعایت ترتیب شماره‌های الگوی جاذبه اصوات دوماژور

ترتیبی و غیرترتیبی عیناً یک اکتاو زیرتر نیز سرایش ذهنی می‌کنیم.

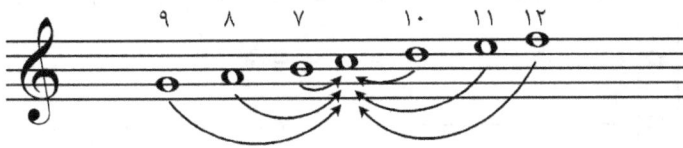

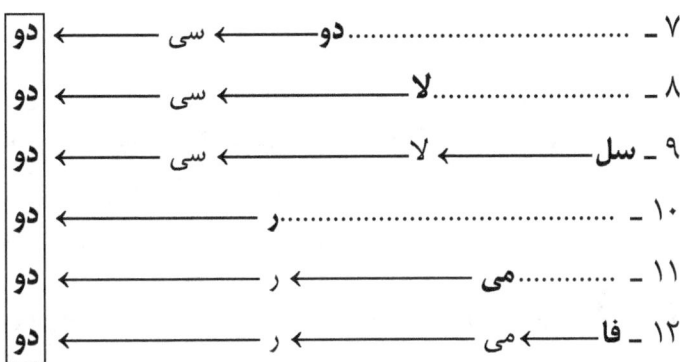

۷ ـ ....دو ← سی ← **دو**

۸ ـ ....**لا** ← سی ← **دو**

۹ ـ **سل** ← لا ← سی ← **دو**

۱۰ ـ ....**ر** ← **دو**

۱۱ ـ ....**می** ← ر ← **دو**

۱۲ ـ **فا** ← می ← ر ← **دو**

اکنون با توجه به تمرینات مراحل (۱) الی (۱۲) الگوی جاذبه اصوات دوماژور می‌توانیم شماره‌های (۱) الی (۱۲) ذکر شده را به صورت غیرترتیبی همانند مثال‌های زیر سرایش ذهنی کنیم.

مثال(۱)

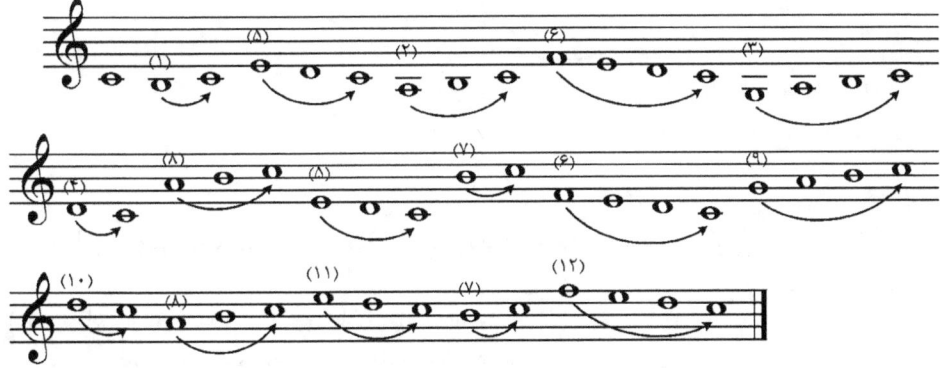

مثال(۲)

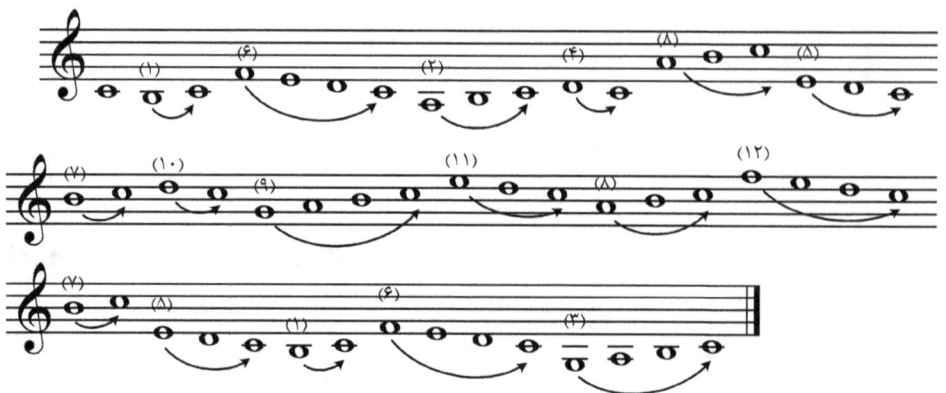

مثال (۳)

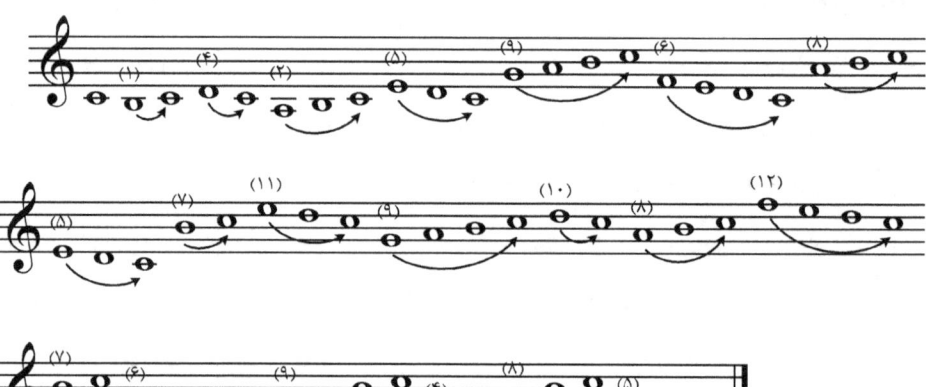

روش نوین مبانی اجرای موسیقی / ۹۳

۳۲

الگوهای ریتم ترکیبی با سکوت (۲)

تسلط نسبی بر موارد ذکر شده در بخش «الگوهای ریتم ترکیبی با سکوت (۱)» پیش‌نیاز این قسمت است.

در تمرین این بخش، ذهن به جستجوی نمونه‌های ریتم موردنظر (ترکیبی با سکوت) مکلف می‌شود و یکایک آنها را به صورت پی‌درپی با ضرب زدن منظم وزن‌خوانی بداهه می‌کند. این عمل بدون تردید می‌تواند در جهت رشد خلاقیت و حضور ذهن هرچه بیشتر فراگیرنده نسبت به انواع الگوهای ریتم ترکیبی با سکوت مؤثر و مفید واقع شود.منظور از تمرینات این بخش ارتباط ذهنی فراگیرنده با نمونه‌های گوناگون از ریتم ترکیبی با سکوت است و بدون تردید با تداوم گستردهٔ این تمرینات می‌توان به تدریج نسبت به تشخیص ریتم‌ها از راه شنوایی وی نیز کمک شایانی کرد. به عبارتی دیگر، تسلط ذهنی هر چه بیشتر و گسترده‌تر فراگیرنده به تمرینات مذکور راه‌گشای درک آسان‌تر آنها از راه شنوایی وی است.

تسلط لازم بر موارد اشاره شده در بخش های « آشنایی با ریتم و ضرب »، « تداوم و تقسیمات ارزش زمانی نت سیاه نقطه‌دار» و «آشنایی با خط ریتم» برای انجام بهتر تمرینات این بخش اجتناب‌ناپذیر است.

مشابه الگوهای ریتم ترکیبی با سکوت، مثال‌های صفحه‌بعد را به صورت ذهنی (بداهه) همراه با ضرب زدن منظم وزن‌خوانی می‌کنیم.

الگوهای ریتم زیر در واقع به صورت ذهنی وزن خوانی می شوند.

مثال (۱)

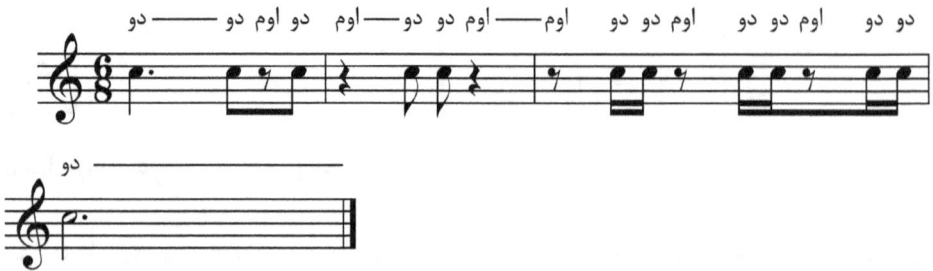

مثال (۲)

مثال (۳)

۳۳

خط اصوات در تنالیتهٔ «دوماژور» (۱)

پیش‌نیاز این قسمت دستیابی فراگیرنده به توانایی لازم بر بخش‌های «سنجش زیر و بمی متصل اصوات در تنالیته دوماژور (۱)، (۲)» و «الگوی جاذبهٔ اصوات دوماژور (۱)، (۲)» است. در مثال‌های خطوط اصوات این بخش، اصوات نوشته شده به صورت متصل را با استفاده از تمرینات و تجربیات کسب شده در بخش «سنجش زیر و بمی متصل اصوات در تنالیته دوماژور (۱)، (۲)» اقدام کرده و نیز یکایک اصوات منفصل (پرش) را با الهام از ترتیبات الگوی جاذبهٔ اصوات دوماژور (یعنی با میل حرکت اصوات موردنظر به سوی تونیک) سرایش می‌کنیم.

به عنوان مثال: با مشاهدهٔ نت (می)، برای سرایش این نت، خاطرهٔ جاذبه (می ـ ر ـ دو) و نیز با مشادهٔ نت (لا) خاطرهٔ جاذبهٔ (لا ـ سی ـ دو) باعث تداعی صوت آنها در ذهن شده و در نتیجه امکان سرایش دقیق و صحیح این اصوات برای فراگیرنده فراهم می‌شود.

تمرینات ارائه شده با استفاده از حالات متصل و منفصل اصوات در تنالیته دوماژور به منظور سرایش آنها توسط فراگیرنده از راه بینایی[1] (روخوانی) ارائه شده است.

در مثال‌های ارائه شده، خطوط منحنی (فلش) سیر حرکت نت‌ها به سوی تونیک بنا به روال «الگوی جاذبهٔ اصوات دوماژور» را نشان می‌دهد. بدین‌ترتیب، چنانچه قبلاً نیز اشاره شد، سرایش تمامی اصوات خصوصاً نت‌های اصوات داخل علامت فلش به علت میل جذب‌شوندگی آنها به سمت تونیک و در نتیجه تداعی مراحل جاذبه اصوات دوماژور به آسانی امکان‌پذیر می‌شود.

لازم به ذکر است، رعایت ترتیب شماره‌ها در تمرینات مثال‌های ارائه شده، کاملاً ضروری و اجتناب‌ناپذیر است.

ضمناً علائم فلش عمودی روی نت هر صوت در واقع محل تداعی جاذبه اصوات همان صوت در ذهن فراگیرنده است.

---

۱. مرحلهٔ اول از سه مرحلهٔ مثلث: ۱) بینایی ۲) ذهنی ۳) شنوایی ادارکی

مثال (۱)

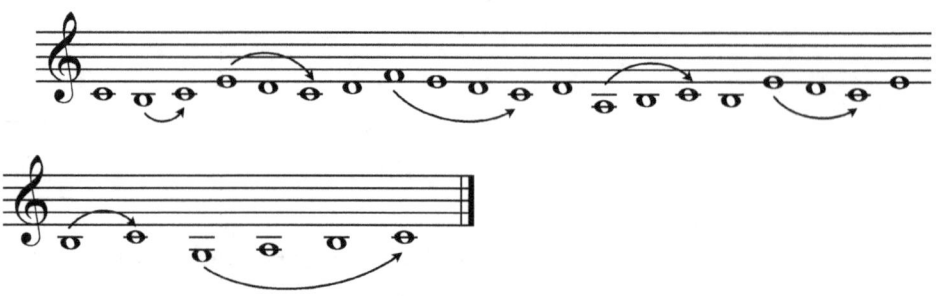

مثال (۲)

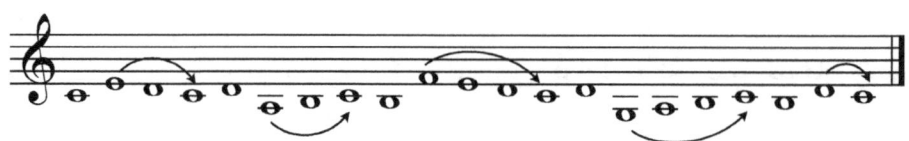

مثال (۳)

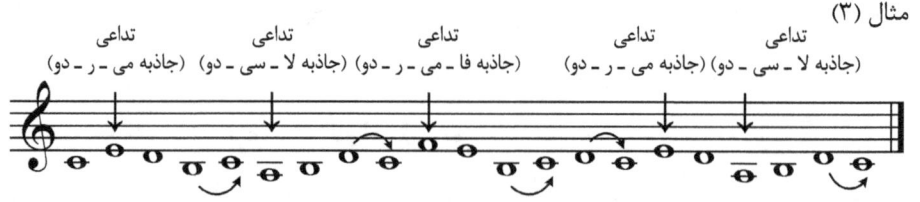

مثال (۴)

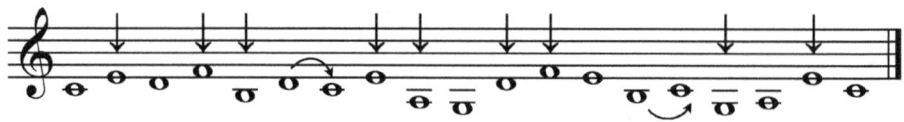

مثال (۵)

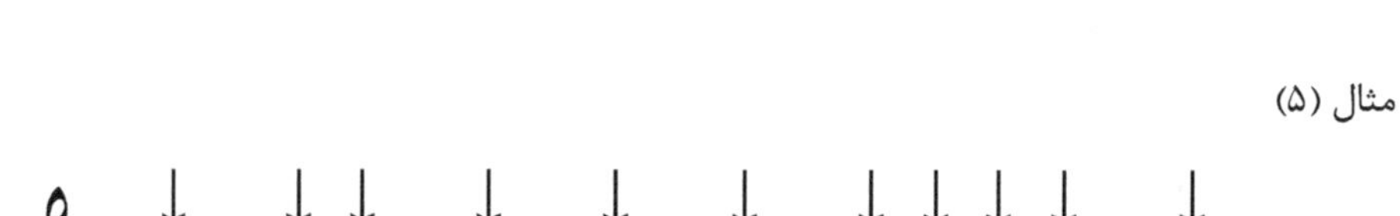

۳۴

الگوهای ریتم ترکیبی بدون سکوت (۳)

دستیابی و تسلط لازم فراگیرنده بر موارد ذکر شده در بخش «الگوهای ریتم ترکیبی بدون سکوت (۲)» پیش‌نیاز این بخش است.

هدف از انجام تمرینات این بخش، درک و تشخیص فراگیرنده نسبت به الگوهای ریتم ترکیبی بدون سکوت از راه شنوایی[1] است.

هر اندازه فراگیرنده بتواند درک خود را نسبت به ریتم‌ها از راه بداهه‌پردازی‌های پیگیرانه تقویت نماید، به همان نسبت تشخیص آنها (ریتم‌ها) از راه شنوایی نیز برای وی سهل‌تر خواهد شد. بنابراین تمرینات هرچه بیشتر فراگیرنده در بخش الگوهای ریتم ترکیبی بدون سکوت (۲) به وی کمک بسیار مؤثری برای انجام بهتر تمرینات این بخش خواهد نمود.

آموزش دهنده، ریتم‌های متنوع ترکیبی بدون سکوت (مشابه نمونه‌های صفحه بعد را با رعایت ترتیب شماره‌ها) به طور جداگانه با استفاده از هر وسیلهٔ ممکن[2] و یا با ذکر تلفظ «دو» به صورت وزن‌خوانی، برای فراگیرنده اجرا می‌کند و متعاقباً فراگیرنده با شنیدن آنها ملزم به تشخیص و تجسم شکل نوشتاری ریتم‌ها در ذهن و سپس ترسیم نقش آنها بر روی کاغذ و یا هر وسیله ممکن می‌شود.

این تمرین را می‌توان با یکایک الگوهای ریتم به صورت جداگانه و یا چند الگوی ریتم به صورت پی‌درپی (خط ریتم) به انجام رسانید.

۱. مرحله سوم از مراحل سه‌گانه مثلث: ۱) بینایی ۲) ذهنی ۳) شنوایی ادراکی
۲. مانند ضربان کف دست‌ها به هم و...

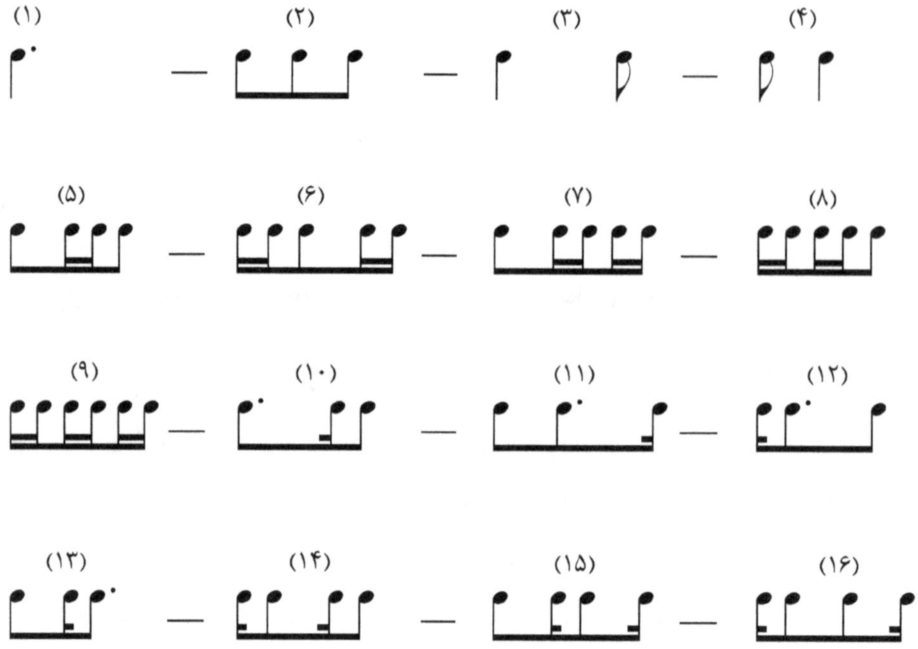

از دیگر راه‌های کمک به درک شنوایی فراگیرنده نسبت به ریتم‌ها گوش فرادادن وی به آثار موسیقی و سعی در تشخیص الگوهای ریتم در آنها است. با این تمرین می‌توان نخست نسبت به شناسایی بعضی از الگوهای ریتم آسان و به تدریج نسبت به تشخیص الگوهای ریتم پیچیده‌تر، از راه شنوایی دست یافت.

چنانچه اشاره شد، نمونه‌های ریتم ارائه شده در این صفحه، با رعایت ترتیب شماره‌ها نخست توسط آموزش‌دهنده اجرا[1] می‌شود و سپس فراگیرنده با شنیدن ریتم‌ها نسبت به ترسیم شکل نوشتاری[2] آنها اقدام می‌کند.

هنگام اجرای تمرینات اشاره شده لازم است آموزش‌دهنده و نیز فراگیرنده از ضربه‌های مشترک و همزمان مترونومیک نخست با مقررکردن هرضربه معادل یک چنگ استفاده کنند؛ تا براین اساس تشخیص ریتم‌ها از راه شنوایی برای فراگیرنده آسان‌تر شود.

---

۱. آموزش‌دهنده، هر الگوی ریتم را به طور جداگانه با هر وسیلهٔ ممکن اجرا کرده و یا با صدای بلند برای فراگیرنده وزن‌خوانی می‌کند.

۲.دیکته موسیقی (ریتم)

۳۵

سنجش زیر و بمی متصل اصوات در تنالیته «دوماژور» (۳)

پس از تسلط لازم فراگیرنده بر «سنجش زیر و بمی متصل اصوات در تنالیته دوماژور (۲)» اکنون لازم است وی تمامی موارد ذکر شده در آن بخش را به طریق زیر از راه شنوایی[1] تمرین نماید.

اصوات تنالیته دوماژور یک به یک به صورت متصل نخست توسط آموزش‌دهنده با ساز (پیانو) به تفکیک نواخته می‌شود و سپس فراگیرنده نیز یک به یک ملزم به تشخیص زیر و بمی اصوات موردنظر از راه شنوایی شده و متعاقباً اسامی آنها را اعلام می‌کند.

تمرین مذکور لازم است نخست با سرعت اندک توسط آموزش‌دهنده برای فراگیرنده انجام شود، آن‌گاه به تدریج با افزودن سرعت در نواختن اصوات موردنظر به روال تشخیص زیر و بمی آنها از راه شنوایی فراگیرنده و ذکر اسامی نت‌های اصوات توسط وی می‌توان سرعت بیشتری بخشید.

لازم به ذکر است، پیش از انجام تمرینات این بخش، تسلط ذهنی هرچه بیشتر و دامنه‌دارتر فراگیرنده به بداهه‌خوانی[2] تمرینات مذکور، راه‌گشای درک آسان‌تر آنها از راه شنوایی (که موضوع این بخش است) برای وی خواهد بود.

مثال (۱)

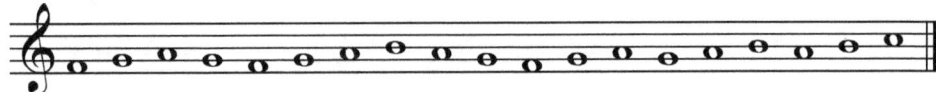

۱. مرحله سوم از مراحل سه‌گانه مثلث: ۱) بینایی ۲) ذهنی ۳) شنوایی ادراکی

۲. رجوع شود به بخش «سنجش زیر و بمی متصل اصوات در تنالیته دوماژور (۲)»

مثال (۲)

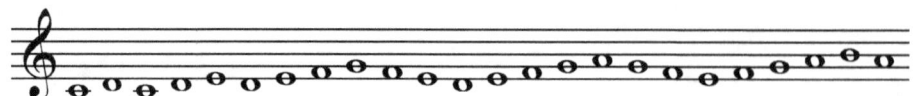
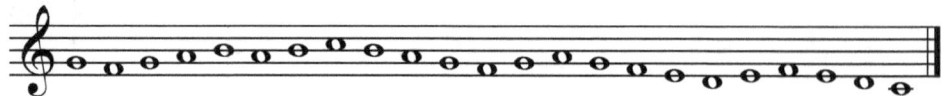

مثال (۳)

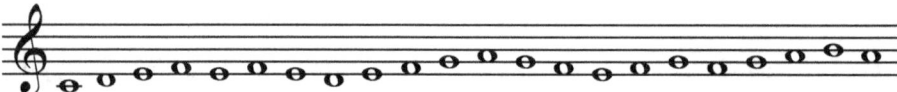
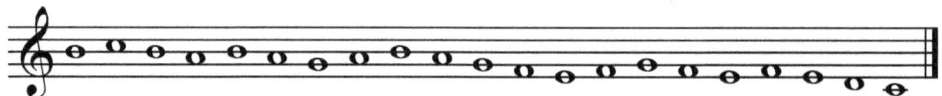

مثال (۴)

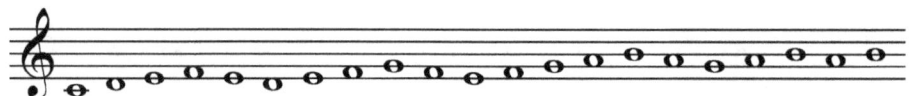
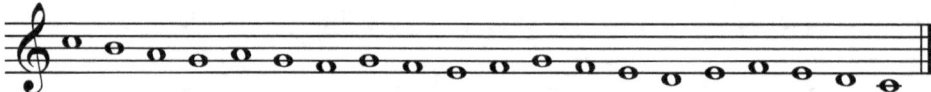

۳۶

الگوهای ریتم ساده با سکوت (۳)

پیش‌نیاز این بخش، تسلط لازم فراگیرنده بر «الگوهای ریتم ساده با سکوت (۲)» است.

برای دستیابی به توانایی‌های لازم بر الگوهای ریتم ساده با سکوت از راه شنوایی می‌توان به صورت زیر اقدام کرد.

در تمرینات این بخش، آموزش‌دهنده ریتم‌های متنوع «ساده با سکوت» (مشابه نمونه‌های صفحهٔ بعد) را به ترتیب شماره‌ها از نمونهٔ ریتم‌های آسان و به تدریج پیشرفته برای فراگیرنده به صورت جداگانه با استفاده از هر وسیله ممکن[۱] و یا با ذکر تلفظ (دو) و صدای (اوم) با صدای بلند وزن‌خوانی می‌کند و فراگیرنده با شنیدن هر الگوی ریتم ملزم به تشخیص شکل نوشتاری آن در ذهن و متعاقباً ترسیم نقش ریتم موردنظر روی کاغذ و یا هر وسیله ممکن می‌شود.

عمل اشاره شده را می‌توان با یکایک الگوهای ریتم به صورت جداگانه و با دسته‌ای از آنها به صورت بی‌درپی (خط ریتم) به انجام رسانید.

از دیگر راه‌های کمک به درک شنوایی فراگیرنده نسبت به ریتم‌ها، چنانچه پیش از این نیز اشاره شده است، گوش فرادادن وی به آثار موسیقی است. با این تمرین، نخست فراگیرنده می‌تواند نسبت به ساختار بعضی از الگوهای ریتم موجود در اثر موردنظر و به تدریج نسبت به شکل نوشتاری تمامی آنها (ریتم‌ها) درک و تشخیص شنوایی خود را تقویت نماید.

چنانچه پیش از این نیز اشاره شده است، هنگام وزن‌خوانی مثال‌های صفحهٔ بعد توسط آموزش‌دهند برای فراگیرنده، سکوت‌ها با صدای (اوم) و نت‌ها با ادای تلفظ «دو» اجرا می‌شوند.

ضمناً آموزش‌دهنده، هریک از الگوهای ریتم صفحه‌ی بعد را می‌تواند با استفاده از ضربان

---

۱. مانند ضربان کف دست‌ها به هم و... .

کف پا به زمین (به دو قسمت پایین و بالا) محاسبه و با صدای بلند وزن‌خوانی کند؛ تا بر این اساس تشخیص ریتم‌ها برای فراگیرنده از راه شنوایی آسان‌تر شود.

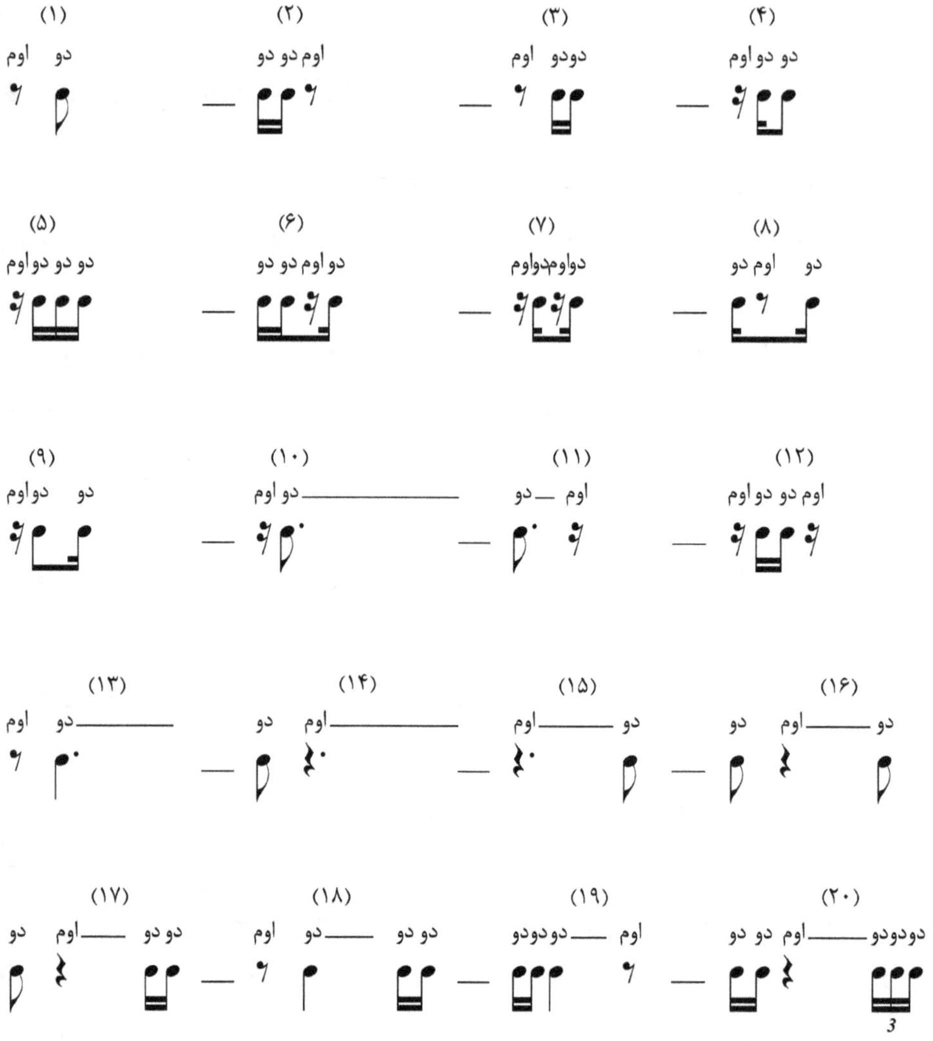

۳۷

خط اصوات در تنالیتهٔ «دوماژور» (۲)

دستیابی و تسلط لازم فراگیرنده بر بخش‌های «خط اصوات در تنالیته دوماژور (۱)»، «سنجش زیر و بمی متصل اصوات در تنالیته دوماژور (۲)» و «الگوی جاذبه اصوات دوماژور (۲)» پیش‌نیاز این قسمت است.

اصوات متنوع از تنالیته دوماژور را با حالات متصل و منفصل (مشابه مثال‌های ارائه شده) به صورت ذهنی بداهه‌خوانی می‌کنیم. بدیهی است امکان سرایش فواصل منفصل با تمریناتی که پیش از این ارائه شده است از طریق «الگوی جاذبه اصوات دوماژور» مقدور خواهد شد.

این تمرین به تقویت درک ذهن، نسبت به تمامی اصوات در تنالیته دوماژور با حالات متصل و منفصل و نیز سنجش موقعیت آنها (اصوات) نسبت به یکدیگر و تونیک تنالیته دوماژور کمک شایانی می‌کند. ضمناً لازم به تأکید است که مهارت، تسلط و دستیابی ذهنی هرچه بیشتر و وسیع‌تر فراگیرنده به تمرینات مذکور نیز راه‌گشای درک آسان‌تر آنها (اصوات در تنالیته دوماژور) از راه شنوایی وی خواهد بود.

چنانچه پیش از این نیز اشاره شد، مثال‌های بعد نمونه‌هایی هستند که فراگیرنده مشابه آنها را لازم است بداهه‌خوانی کند.

پیش از اقدام به تمرین ذهنی (بداهه‌خوانی) موارد مقرر شده، برای آماده‌سازی ذهن فراگیرنده، توصیه می‌شود یکایک مثال‌های ارائه شده، نخست از راه بینایی (روخوانی) توسط وی سرایش شود.

مثال (۱)

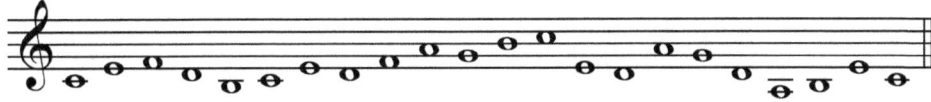

مثال (۲)

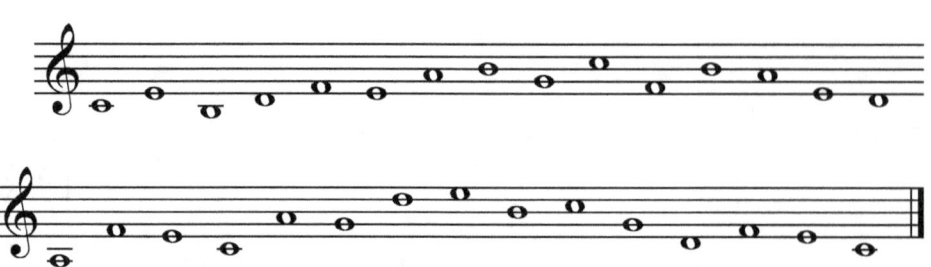

مثال (۳)

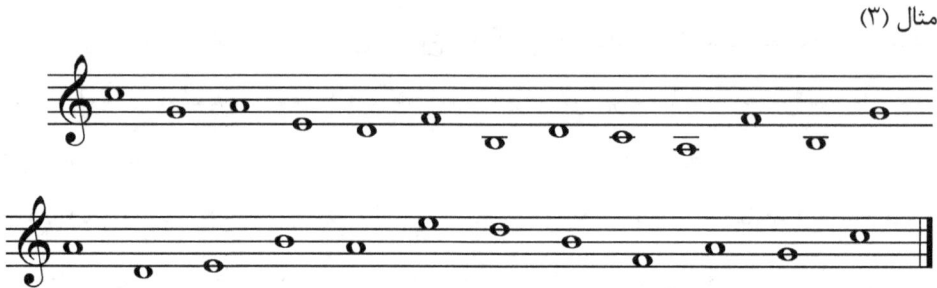

در مثال‌های ارائه شده چنانچه می‌بینیم، برای حفظ موقعیت تنالیته دوماژور نت‌های آغاز و پایان را نت تونیک و نیز نت‌های دوم و پیش از آخر را درجات سوم یا پنجم نسبت به تونیک تشکیل می‌دهد.

بنابراین توصیه می‌شود مورد اشاره شده در هنگام سرایش ذهنی (بداهه‌خوانی) نیز رعایت شود.

لازم به تأکید است، تمرینات ذهنی هرچه گسترده‌تر این بخش توسط فراگیرنده می‌تواند راه‌گشای درک آسان‌تر آنها (اصوات) از راه شنوایی برای وی باشد.

۳۸

الگوهای ریتم ترکیبی با سکوت (۳)

پیش‌نیاز این بخش تسلط فراگیرنده بر «الگوهای ریتم ترکیبی با سکوت (۲)» است. برای دستیابی به درک شنوایی الگوهای ریتم ترکیبی با سکوت می‌توان به صورت زیر اقدام کرد:

آموزش‌دهنده به تدریج ریتم‌های متنوع «ترکیبی با سکوت» (مشابه نمونه‌های صفحهٔ بعد) را با رعایت ترتیب شماره‌ها به صورت جداگانه برای فراگیرنده با ذکر تلفظ «دو» و صدای «اوم» بنابر بخش «نقش سکوت‌ها در روند اجرای موسیقی» وزن‌خوانی می‌کند و سپس فراگیرنده با شنیدن هر الگوی ریتم ملزم به تشخیص و تجسم شکل نوشتاری آن در ذهن و متعاقباً ترسیم نقش ریتم موردنظر بر کاغذ و یا هر وسیله ممکن می‌شود.

تمرین صفحهٔ بعد را می‌توان با یکایک الگوهای ریتم به صورت جداگانه و نیز با دسته‌ای از آنها به صورت پی‌درپی (خط ریتم) انجام داد.

از دیگر راه‌های کمک به درک شنوایی فراگیرنده نسبت به ریتم‌ها، چنانچه پیش از این نیز اشاره شد. گوش فرادادن وی به آثار موسیقی است. با این تمرین می‌توان نخست نسبت به ساختار بعضی از الگوهای ریتم آسان در اثر موردنظر و نیز به تدریج نسبت به تمامی ریتم‌ها درک و تشخیص شنوایی خود را تقویت کرد.

آموزش‌دهنده هنگام وزن‌خوانی مثال‌های صفحهٔ بعد لازم است سکوت‌ها را با صدای (اوم)[1] و دیگر اجزای ریتم را با ادای تلفظ «دو» اجرا نماید.

ضمناً خاطر نشان می‌شود، آموزش‌دهنده، هریک از الگوهای ریتم را می‌تواند نخست، با سه ضربه (چنگ) محاسبه و برای فراگیرنده وزن‌خوانی کند؛ تا براین اساس تشخیص ریتم‌ها برای وی از راه شنوایی آسان‌تر شود.

---

۱. صدای خارج شده از بینی با دهان بسته

بدیهی است، آموزش‌دهنده در مراحل پیشرفته آموزش، برای تقویت درک شنوایی فراگیرنده، بنابر هر ضرب مساوی با یک سیاه نقطه‌دار (♩.) الگوهای ریتم موردنظر را وزن‌خوانی می‌نماید.

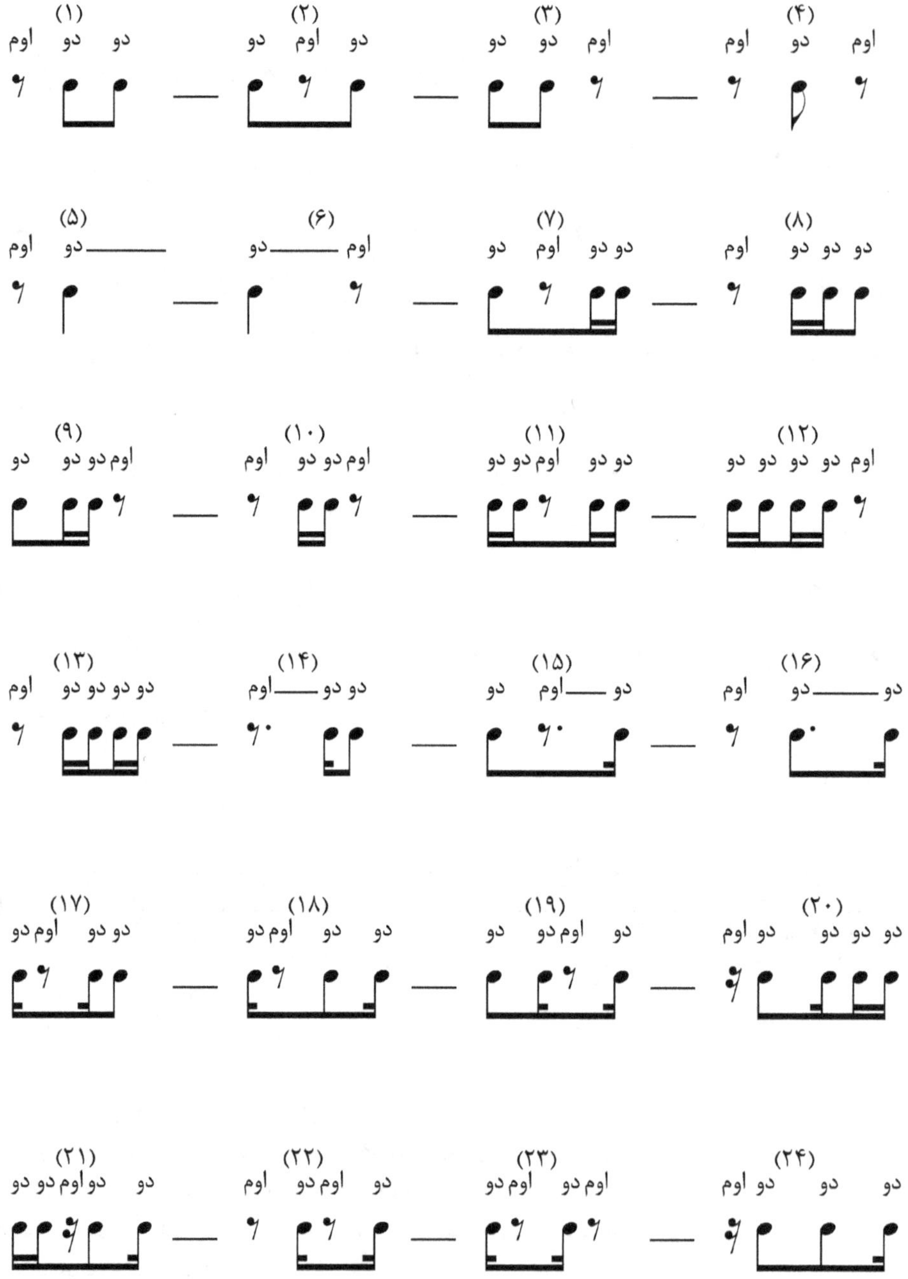

۳۹

آشنایی با ردیف[1] آلتره‌های دیز و بمل

در آثار موسیقی، علاوه بر اصوات اصلی موجود در تنالیته مربوطه، به دیگر اصواتی نیز برمی‌خوریم که به وسیلهٔ علایم تغییردهنده[2] به اصطلاح موسیقی «آلتره[3]» شده‌اند.

بنابراین درک نسبت به این اصوات (نت‌های آلتره) در آثار موسیقی به علت خارج بودن آنها از اصوات طبیعی تنالیتهٔ مربوطه، از طریق (الگوی جاذبهٔ اصوات) مقدور نمی‌گردد لذا، تشخیص آنها (نت‌های آلتره) در آثار، مستلزم ارائهٔ کلید یادگیری دیگری است.

با تقسیم فواصل یک پرده‌ای اصواتِ گام دوماژور به دو نیم‌پرده، تعداد پنج صوت (غیر از اصوات طبیعی گام) به دست می‌آید که آنها را می‌توان در سازهای «شستی‌دار»[4] به شکل «کلاویه‌های سیاه» مشاهده کرد.

این «کلاویه‌های سیاه» از دیدگاه دیز به ترتیب: از بم به زیر عبارتند از: «دودیز»، «ردیز»، «فادیز»، «سل‌دیز»، «لادیز»

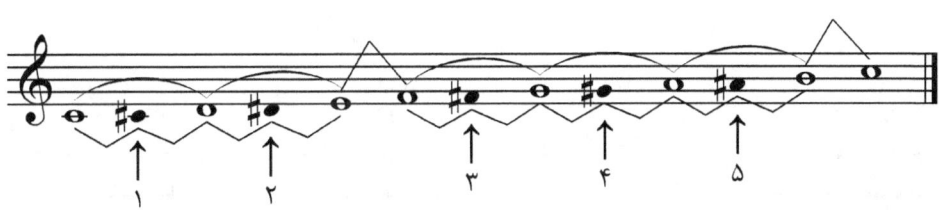

---

۱. چگونگی در کنار هم قرار گرفتن اصوات در اطراف آلتره‌های دیز و بمل

۲. علائم تغییردهنده از قبیل: «دیز»، «بمل»، «بکار» و...

۳. اصوات اصلی هر تنالیته را، که به وسیلهٔ علایم تغییردهنده تغییر صوت یابند «آلتره» گویند.

۴. مانند: پیانو، ارگ، ملودیکا...

و نیز از دیدگاه بمل به ترتیب: از بم به زیر عبارتند از: «ربمل»، «می‌بمل»، «سل‌بمل»، «لابمل» ، «سی‌بمل» می‌باشد.

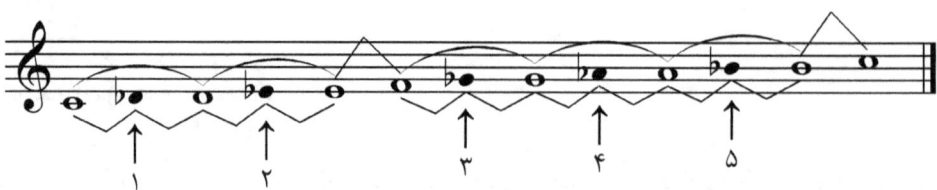

دستیابی به سرایش و در پی آن درک شنوایی نسبت به اصوات آلتره شده در هر تنالیته بنابر دسته‌بندی و یا ردیف کردن تعدادی نت با آرایشی خاص در اطراف صوت آلتره شده (آن هم به ترتیبی که پس از این مطرح خواهیم کرد)، برای فراگیرنده به سهولت امکان‌پذیر می‌گردد.

۴۰

ردیف آلتره‌های دیز (۱)

همان‌گونه که پیش از این نیز اشاره شده است، نیم‌پرده‌های بین فواصل یک پرده‌ای در گام دوماژور از دیدگاه «دیز» به ترتیب از بم به زیر چنین نامیده می‌شود؛

«دودیز»، «ردیز»، «فادیز»، «سل‌دیز»، «لادیز»

برای آسان شدن سرایش این اصوات به عنوان اصوات آلتره در تنالیته دوماژور، لازم است نخست آنها را به صورت زیر «دسته‌بندی یا ردیف » کنیم.

اکنون هریک از مراحل پنجگانهٔ ردیف شده بالا را جداگانه، نخست با دقت در کوک، تقلید صوت[1] می‌کنیم. این مورد لازم است به اندازه‌ای تمرین شود که سپس بتوان تمامی آنها را بدون یاری جستن از صدای ساز «پیانو» سرایش کرد.

در این صورت سرایش اصوات مثال صفحهٔ بعد و نمونه‌های مشابه آن توسط فراگیرنده، به کمک دو کلید کار یعنی: الگوی «جاذبهٔ اصوات»، و «ردیف آلتره‌های دیز» به آسانی ممکن می‌گردد.

---

۱. رجوع شود به بخش «تقلید اصوات موسیقایی»

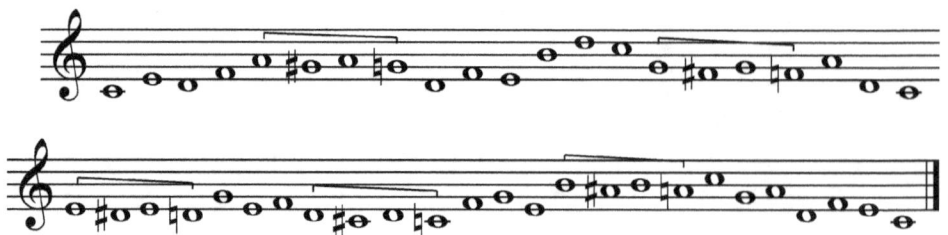

با توجه به مطالب ذکر شده و مثال ارائه شده در بالا، برای سرایش هریک از اصوات آلتره شده در تنالیتهٔ دوماژور، نخست[1] تمامی اصوات تشکیل‌دهندهٔ «ردیف آلتره» موردنظر را نوشته و سرایش می‌کنیم.

به عنوان مثال: برای سرایش آلترهٔ «سل‌دیز» از تمامی چهار صوت ردیف شده آن یعنی: (لا، سل دیز، لا، سل بکار) و برای سرایش آلترهٔ «فادیز» از تمامی چهار صوت ردیف شده آن یعنی: (سل، فادیز، سل، فابکار) استفاده می‌نماییم و بدین ترتیب...

نمونه زیر با استفاده از ردیف آلتره‌های دیز در تنالیته دوماژور برای تمرین بیشتر ردیف آلتره‌های دیز ارائه شده است.

۱. در بخش‌های بعدی با ترتیبی که بدان اشاره خواهیم نمود به تدریج اصوات ردیف شده در اطراف آلتره‌ها را حذف می‌نماییم.

۴۱

اصوات موسیقایی هفتگانه در خطوط حامل (۷)

تشخیص آنی اسامی اصوات جانبی هر صوت از گام دوماژور (به عنوان گام مادر) به صورت متصل و به روند اشاره شده در زیر؛

الف) دوتایی متصل به زیر و بم ب) سه‌تایی متصل به زیر و بم پ) برودری به زیر و بم موجب حرکت بهتر و روان ذهن نسبت به اسامی اصوات همسایهٔ هر صوت خواهد شد و دستیابی به این موضوع برای توانایی‌های اجرایی ما چه در نت‌خوانی‌ها و نت‌نوازی‌ها می‌تواند بسیار مفید و مؤثر واقع شود.

برای دستیابی به این مورد لازم و ضروری، می‌توان از تمرین‌های ارائه شده در مثال زیر و مشابه آن، به صورت پرسش توسط آموزش‌دهنده و پاسخ آنی توسط فراگیرنده استفاده کرد.

چنانچه پیش از این نیز اشاره شد این پرسش و پاسخ تنها برای ذکر اسامی نت‌هاست و نه سرایش صوت آنها.

(سؤال) پرسش توسط آموزش‌دهنده		(جواب) پاسخ توسط فراگیرنده
۱ ـ دوتایی متصل به زیر	(می)	(ر ـ می)
۲ ـ سه‌تایی متصل به بم	(لا)	(دو ـ سی ـ لا)
۳ ـ برودری به زیر	(سل)	(سل ـ لا ـ سل)
۴ ـ دوتایی متصل به بم	(فا)	(سل ـ فا)
۵ ـ سه‌تایی متصل به زیر	(دو)	(لا ـ سی ـ دو)
۶ ـ برودری به بم	(سی)	(سی ـ لا ـ سی)

بدین‌ترتیب می‌توان با انتخاب متنوع از مثال صفحه قبل روی یکایک اسامی اصوات گام «دوماژور»، تمرینات گسترده‌ای را به انجام رسانید.

برای روشن‌تر شدن چگونگی انجام موارد اشاره شده در این بخش بهتر است به مثال‌های ارائه شده در زیر توجه لازم مبذول شود.

به عنوان مثال وقتی سؤال می‌شود:

❊ **دوتایی متصل به بم (لا)** ❊

یعنی اگر به تعداد دو نت پی‌درپی (متصل) به سمت بم حرکت کنیم و به نت (لا) برسیم، جمعاً چه نت‌هایی خواهیم داشت؟ در این صورت جواب این سؤال می‌شود:

❊ **(سی ــ لا)** ❊

و یا وقتی سؤال شود:

❊ **سه‌تایی متصل به زیر (می)** ❊

یعنی اگر سه نت پی‌درپی (متصل) به سمت زیر حرکت کنیم و به نت (می) برسیم، جمعاً چه نت‌هایی خواهیم داشت؟ بنابراین پاسخ این پرسش می‌شود:

❊ **(دو ــ ر ــ می)** ❊

بدین‌ترتیب همان‌طور که پیش از این نیز اشاره شد، می‌توان فیگورهای متنوع ششگانهٔ زیر را در رابطه با یکایک اسامی اصوات گام دوماژور، به اندازه لازم تمرین نمود.

۱. دوتایی متصل به زیر
۲. دوتایی متصل به بم
۳. سه‌تایی متصل به زیر
۴. سه‌تایی متصل به بم
۵. برودری به زیر
۶. برودری به بم

۴۲

خط اصوات در تنالیتهٔ «دوماژور» (۳)

پیش‌نیاز این قسمت دستیابی فراگیرنده به توانایی‌های لازم بر بخش «خط اصوات در تنالیتهٔ دوماژور (۲)» است.

تمرین‌های ارائه شده در این بخش برای تقویت شنوایی ادراکی فراگیرندگان نسبت به اصوات متنوع در تنالیتهٔ «دوماژور» است.

متعاقب لزوم پیگیری‌های ذهنی که در بخش «خط اصوات در تنالیتهٔ دوماژور (۲)» تأکید شده است، اکنون می‌توان به آسانی نسبت به انجام تمرین‌های لازم برای درک اصوات متنوع در تنالیتهٔ دوماژور از راه شنوایی اقدام کرد.

پس از شنیدن صوت «دو» (تونیک گام دوماژور) و متعاقباً تداعی «الگوی جاذبهٔ اصوات» این گام در ذهن، یکی از انگشتان دست خود را بر یکی از کلاویه‌های سفید ساز (پیانو، ارگ و یا دیگر سازهای کلاویه‌دار) بدون نگاه کردن به آنها، آن هم در منطقهٔ متوسط[1] ساز فرود می‌آوریم.

ذهن، پس از دریافت صوت مربوطه از راه شنوایی و با سنجش آن نت در حیطهٔ «الگوی جاذبهٔ اصوات» گام دو ماژور، به آسانی امکان تشخیص نام آن صوت را به دست خواهد آورد.

پس از تمرینات لازم در این زمینه و دستیابی نسبی به تشخیص نام اصوات از راه شنوایی به صورت «تکی»[2]، به تدریج برای تشخیص «دوتایی» متصل به زیر و بم، «سه‌تایی» متصل به زیر و بم و برودری به زیر و بم هریک از اصوات تنالیته دوماژور از راه شنوایی به گونه ارائه شده در این بخش اقدام می‌کنیم.

---

۱. از حدود نت «دو» بین خط دوم و سوم با کلید «فا» تا نت «دو» با دو خط اضافه بالای پنج خط حامل با کلید «سل»

۲. جداگانه (یک به یک)

برای اجرای دو صوت متصل[1] (به صورت پی در پی) بر روی کلاویه‌های سفید و متعاقباً درک آنها از راه شنوایی، دو انگشت از دست را به کلاویه‌های سفید ـ بدون نگاه به آنها ـ ، به حالتی فرود می‌آوریم که اجرای صوت اول به صورت «نت تزیین»[2] برای صوت دوم محسوب شود و با ایست روی صوت دوم متعاقباً مشخص شدن این صوت در ذهن از طریق «الگوی جاذبهٔ اصوات» می‌توان صوت متصل قبلی را نیز تشخیص داد.

این تمرین را می‌توان به صورت بالارونده یعنی: دوتایی متصل به زیر و یا به گونهٔ پایین‌رونده یعنی: دوتایی متصل به بم به اندازهٔ لازم برای تربیت شنوایی به انجام رسانید. برای تمرین‌های، سه‌تایی متصل به زیر و بم و همچنین برودری به زیر و بم نیز می‌توان به صورت شرح داده شده در بالا ممارست لازم را مبذول داشت.

اکنون با پیگیری تمرینات ذکر شده در این بخش، درک شنوایی ما نسبت به هریک از اصوات در تنالیته دوماژور و نت‌های مجاور آن به شکل‌های زیر به آسانی مقدور و ممکن می‌شود.

۱. تکی

۲. دوتایی متصل به زیر و بم

۳. سه‌تایی متصل به زیر و بم

۴. برودری به زیر و بم

در رابطه با تمرینات چهارگانهٔ فوق، علاوه بر ممارست‌های شخصی فراگیرنده، آموزش‌دهنده نیز می‌تواند در مناطق مختلف یکی از سازهای کلاویه‌دار تمرینات مذکور را جداگانه اجرا کند و سپس فراگیرنده نخست با درک آنها از راه شنوایی و متعاقباً با ذکر اسامی اصوات شنیده شده، تمرین‌های لازم را برای تقویت شنوایی ادراکی خود انجام می‌دهد.

مواردی که در این بخش برای تقویت شنوایی ادراکی فراگیرندگان نسبت به اصوات تنالیته دوماژور ارائه شده است ، به همین ترتیب و با کمک فرد دیگری لازم است در دیگر تنالیته‌های ماژور و مینور که متعاقباً به آنها نیز خواهیم پرداخت مورد ممارست قرار گیرد.

---

۱. پیوسته (کنار هم)

۲. کوتاه‌تر از نت دوم اجرا شود.

در صورتی‌که فراگیرنده شخصاً بخواهد تمرینات مذکور را با ساز کلاویه‌دار (پیانو) در دیگر تنالیته‌های ماژور (غیر از دوماژور) تمرین نماید، ناگزیر باید نام کلاویه «دو» را به عنوان مثال به نام «سل» در ذهن خود فرض نموده تا تمرین شنوایی «سل‌ماژور» را شخصاً به انجام برساند.

بدین‌ترتیب هر آینه فراگیرنده بخواهد تمرین شنوایی خود را به عنوان مثال در تنالیته «فاماژور» به انجام برساند، لازم است صوت کلاویه «دو» پیانو را صوت تونیک فاماژور یعنی «فا» در ذهن خود فرض نموده تا تمرین شنوایی «فاماژور» را شخصاً به انجام برساند.

با این روال تمرین شنوایی فراگیرنده برای تمامی تنالیته‌های ماژور توسط وی مقدور می‌گردد. البته لازم به خاطرنشان می‌باشد افرادی که دارای شنوایی مطلق اصوات (absolute) می‌باشند، عمل انتقال اصوات را نمی‌توانند به آسانی انجام دهند. بدیهی است این‌گونه افراد نیز با اندکی ممارست به چنین توانایی دست خواهند یافت.

۴۳

ردیف آلتره‌های دیز (۲)

چنانچه در بخش «ردیف آلتره‌های دیز (۱)» اشاره شد، برای سرایش هریک از اصوات آلتره شده در تنالیتهٔ «دوماژور» نخست لازم است تمامی چهار صوت تشکیل دهندهٔ «ردیف آلتره» مربوطه را در خط اصوات موسیقایی مانند مثال زیر نوشته و سرایش کنیم.

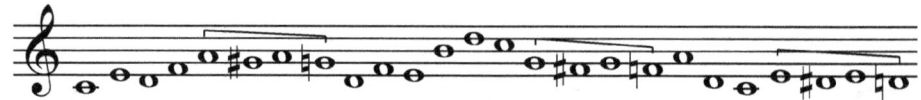

پس از تسلط نسبی فراگیرنده بر سرایش مثال فوق و دیگر مثال‌های مشابه آن، می‌توان به ترتیبی که به آن اشاره خواهد شد، یکایک اصوات تشکیل دهندهٔ «ردیف آلتره» را که در اطراف صوت آلتره شده قرار دارند، به تدریج حذف کرد.

حذف اصوات اطراف صوت آلتره شده در ردیف آلتره‌ها به صورت مراحل اشاره شده در این بخش خواهد بود. به عنوان مثال: حذف ترتیبی اصوات (ردیف آلتره «فادیز») چنین است:

حذف اول

حذف صوت «فا بکار»

حذف دوم

حذف اصوات «فا بکار» و «سل»

حذف سوم

حذف اصوات «فا بکار» و «سل»

حذف چهارم

حذف تمامی اصوات اطراف «فا دیز»

مثال (۱): اصوات متنوع در تنالیتهٔ دوماژور همراه با آلتره‌های دیز با **حذف اول**

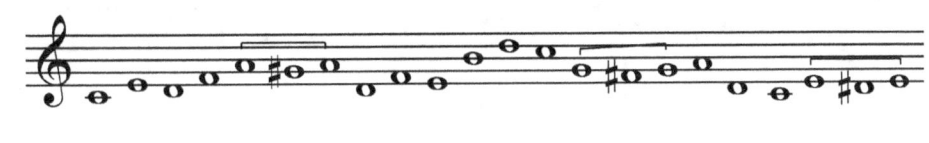

مثال (۲): اصوات متنوع در تنالیتهٔ دوماژور همراه با آلتره‌های دیز با **حذف دوم**

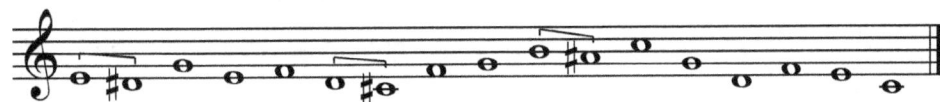

مثال (۳): اصوات متنوع در تنالیتهٔ دوماژور همراه با آلترههای دیز با **حذف سوم**

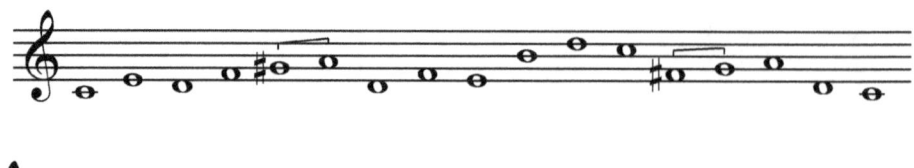

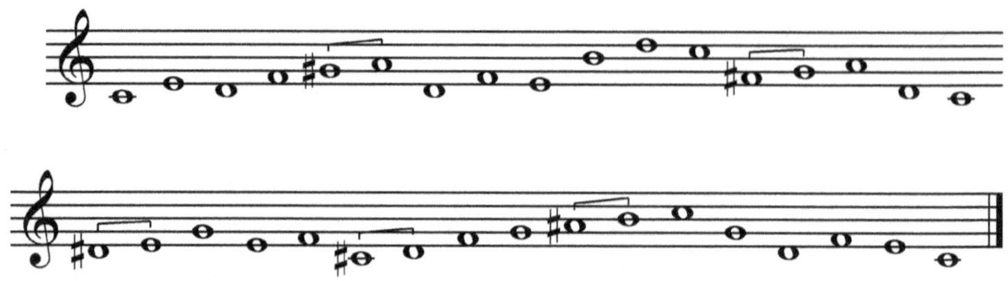

مثال (۴): اصوات متنوع در تنالیتهٔ دوماژور همراه با آلترههای دیز با **حذف چهارم**

سرایش اصوات در تنالیتهٔ دوماژور همراه با آلترههای دیز بنابر حذفهای اشاره شده (به صورت نمونههای ارائه شده در این بخش) لازم است به ترتیب در دیگر تنالیتههای ماژور و متعاقباً مینورهای مربوطه نیز، انجام پذیرد. این تمرینات نه تنها از راه بینایی[1] **بلکه در پی آن لازم است از راه ذهنی**[2] **نیز اقدام شود.**

سرایش ذهنی اصوات متنوع در تنالیته دوماژور همراه با آلترههای «دیز» به صورت حذف اول تا چهارم توسط فراگیرندگان، اقدام بسیار ارزشمندی است برای دستیابی قطعی آنان به اصوات متنوع و آلترهها در تنالیته دوماژور و در پی آن دیگر تنالیتههای ماژور و مینور. لازم به ذکر است، تسلط ذهنی هرچه گستردهتر فراگیرندگان به بداههخوانی اصوات متنوع در هر تنالیته همراه با آلترهها نیز میتواند راهگشای درک آسانتر آنها نسبت به این اصوات از راه شنوایی باشد.

---

۱. اصوات نوشته شده «روخوانی» میشوند.
۲. بداههخوانی (سرایش فیالبداهه) رجوع شود به بخش «خط اصوات در تنالیته دوماژور (۲)»

اجزای الگوهای ریتم (۱)

پس از دستیابی و تسلط نسبی فراگیرنده بر الگوهای پایه‌ای ریتم (اعم از ساده و ترکیبی در انواع بدون سکوت و با سکوت) اکنون می‌توان هر الگوی ریتم را برای به دست آوردن اجزای آن بررسی و متعاقباً وزن‌خوانی کرد. نخست شکل اولیه یا پایگی الگوهای ریتم را مدنظر قرار داده و سپس به بررسی اجزای[۱] آن می‌پردازیم.

اجزای الگوهای ریتم ساده (نت سیاه)

بدون سکوت
با سکوت

۱. در بخش (اجزای الگوهای ریتم (۲)) به بررسی اجزاء هرچه کوچک‌تر الگوهای ریتم نیز خواهیم پرداخت.

ادامه اجزای الگوهای ریتم ساده (نت سیاه)

باسکوت   **بدون سکوت**

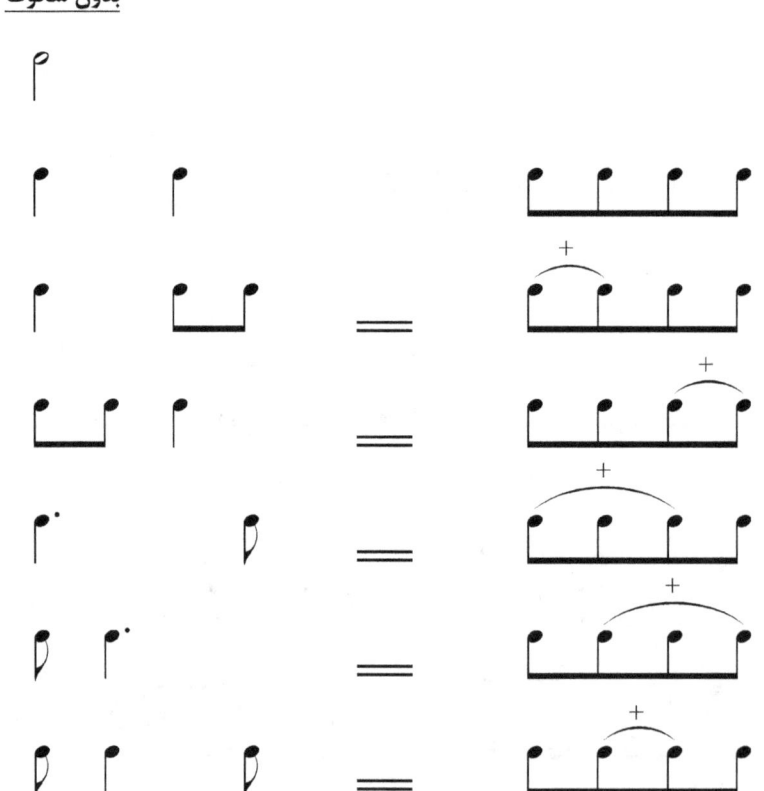

اجزای الگوهای ریتم ساده (نت سفید)

بدون سکوت

✻ علامت ⌒ برای نشان دادن پیوستن ارزش زمانی اجزای هرالگوی ریتم، ترسیم شده است.

ادامه اجزای الگوهای ریتم ساده (نت سفید)

<u>باسکوت</u>

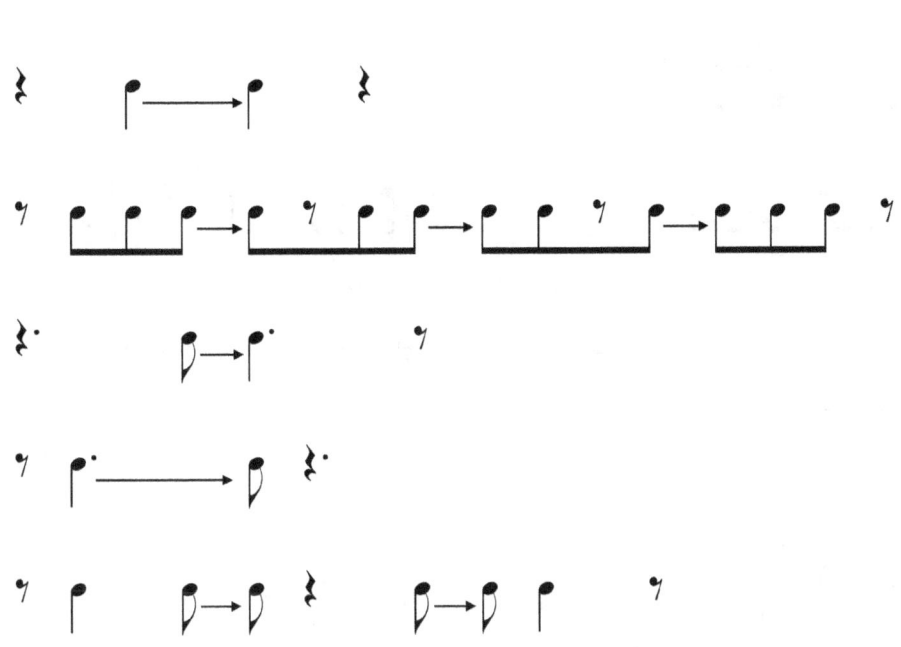

از کنار هم قرار دادن نمونه ریتم‌های تجزیه شده این بخش (اعم از بدون سکوت و با سکوت) خطوط ریتم «ساده بدون سکوت» و «ساده با سکوت» به عنوان نمونه نوشته شده است.

اجزای الگوهای ریتم ترکیبی (سیاه نقطه‌دار)

باسکوت   **بدون سکوت**

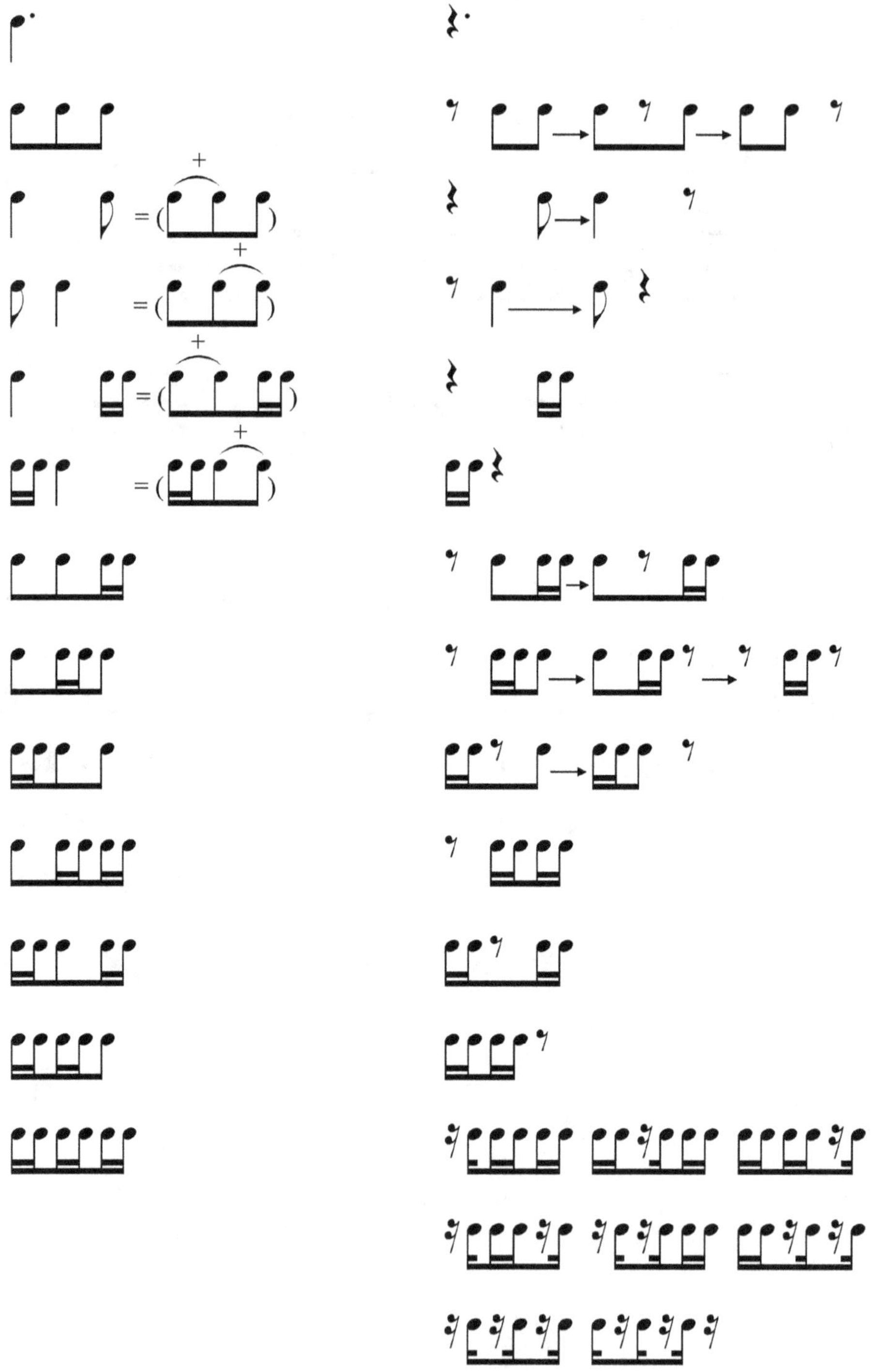

از کنار هم قرار دادن نمونه ریتم‌های صفحهٔ قبل (اعم از بدون سکوت و باسکوت) خطوط ریتم ترکیبی بدون سکوت و ترکیبی با سکوت به عنوان نمونه نوشته شده است.

وزن‌خوانی خطوط ریتم نوشته شده در این بخش، لازم است با مطالعه و رعایت دقیق موارد ذکر شده در بخش‌های «آشنایی با ریتم و ضرب»، «تداوم و تقسیمات ارزش زمانی نت سیاه»، «آشنایی با خط ریتم» و «تداوم و تقسیمات ارزش زمانی نت سیاه نقطه‌دار» انجام پذیرد.

چنانچه پیش از این نیز اشاره شد، فراگیرنده با مدنظر قرار دادن شکل اولیه یا الگوی پایگی نمونه ریتم‌های ساده و ترکیبی، مانند سیاه و سیاه نقطه دار می‌تواند تقسیمات کوچکتر آنها را کاملاً دقیق بررسی و سپس وزن‌خوانی کند.

۴۵

اصوات تنالیتهٔ «دوماژور» روی خط ریتم (۱)

خطوط ریتم ساده بدون سکوت و با سکوت، مشابه مثال زیر را به صورت جداگانه می‌نویسیم و هنگام وزن‌خوانی آنها بر هریک از اجزای ریتم، صوتی از اصوات تنالیته دوماژور را به دلخواه و به صورت بداهه همراه با ذکر اسم و سرایش صوت مربوطه، اجرا می‌کنیم[۱].

بدین ترتیب با نگاه به خط ریتم، یک ارتباط از راه بینایی و نیز با تجسم آنی اصوات در ذهن و قرار دادن همزمان آنها بر هریک از اجزای ریتم، یک ارتباط از راه ذهنی نیز برقرار می‌کنیم. این عمل در مجموع برای تقویت **تعامل بین قوای بینایی و ذهنی** فراگیرنده بسیار مؤثر و مفید خواهد بود. با گسترش این تمرینات فرد می‌تواند به سرعت انتقال ذهنی خود کمک ارزنده‌ای بنماید.

لازم به تذکر است، برای حفظ موقعیت تنالیتهٔ موردنظر پیشنهاد می‌شود اصوات آغازین و انتهایی در این تمرین را صوت «تونیک» از تنالیته مربوطه قرار داده و اصوات دوم و ماقبل آخر را نیز همواره از درجات سوم یا پنجم انتخاب کنیم.

نمونهٔ خطوط ریتم ساده بدون سکوت همراه با انتخاب اصواتی از تنالیتهٔ دوماژور

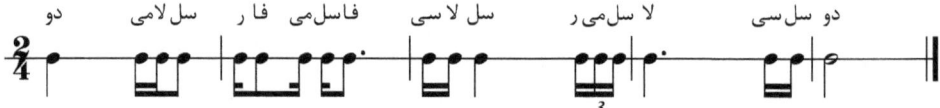

---

۱. وزن‌خوانی ریتم‌های نوشته شده همزمان با گویش اسامی و نیز سرایش ذهنی اصوات انتخابی از تنالیته دوماژور

نمونهٔ خطوط ریتم ساده با سکوت همراه با انتخاب اصواتی از تنالیتهٔ دوماژور:

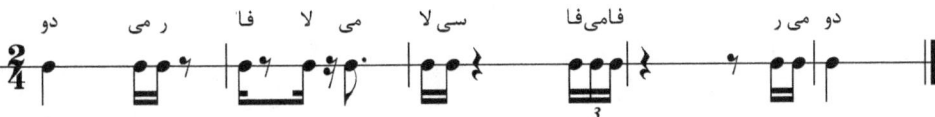

چنانچه پیش از این نیز اشاره شد اسامی اصوات نوشته شده در بالای خطوط ریتم مذکور در اصل نوشته نمی‌شوند بلکه به صورت فی‌البداهه در ذهن انتخاب شده و بر اجزای ریتم ها قرار می‌گیرند تا همزمان وزن‌خوانی و سرایش شوند.

بدیهی است استفاده از اصوات دیگر تنالیته‌های ماژور و مینور (که به آن خواهیم پرداخت) نیز لازم است در زمان خود به تدریج به این صورت تمرین شود.

۴۶

الگوزنی جاذبهٔ اصوات در تنالیته‌های ماژور

با تسلط نسبی بر بخش‌های «الگوی جاذبهٔ اصوات دوماژور (۱) و (۲)»، می‌توان تمامی مراحل آن را در دیگر تنالیته‌های ماژور نیز به آسانی اجرا کرد. به عبارتی دیگر، از آنجا که تمامی گام‌های ماژور از نظر فواصل اصوات گام نسبت به تونیک، کاملاً همانند یکدیگرند؛ بنابراین تنها با تغییر اسامی مراحل «الگوی جاذبهٔ اصوات» می‌توان آن را به آسانی در یکایک دیگر تنالیته‌های ماژور اقدام نمود.

در مثال زیر همسانی نسبت فواصل جاذبه اصوات دوماژور با ماژورهای همسایه آن یعنی «سل‌ماژور» و «فاماژور» برای نمونه نشان داده شده است.

مثال

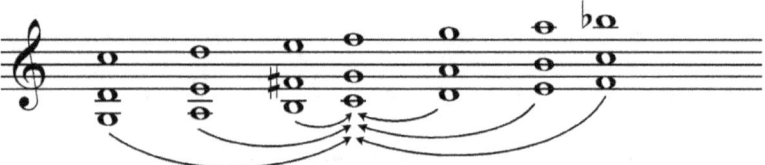

الگوی جاذبهٔ اصوات دو ماژور

۱ ـ .... **دو** ← سی ← **دو**

۲ ـ .... لا ← سی ← **دو**

۳ ـ **سل** ← لا ← سی ← **دو**

۴ ـ .... ر ← **دو**

۵ ـ .... **می** ← ر ← **دو**

۶ ـ **فا** ← می ← ر ← **دو**

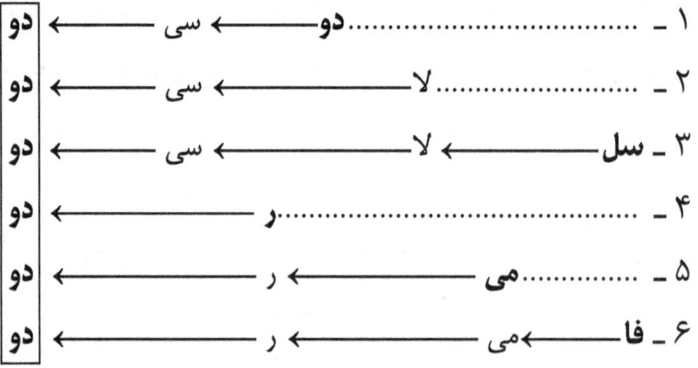

الگوی جاذبهٔ اصوات سل ماژور

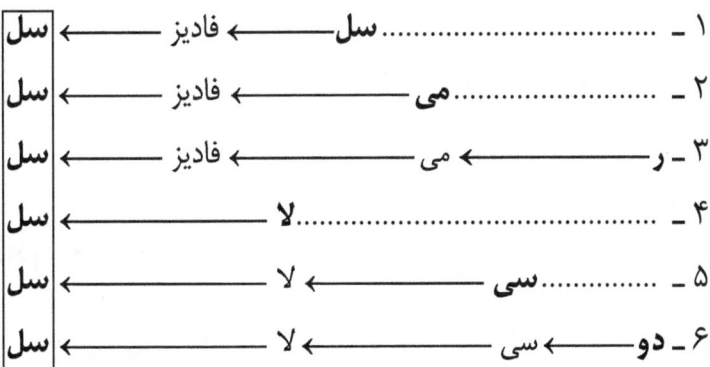

۱ ـ .... **سل** ← فادیز ← **سل**

۲ ـ .... **می** ← فادیز ← **سل**

۳ ـ **ر** ← می ← فادیز ← **سل**

۴ ـ .... **لا** ← **سل**

۵ ـ .... **سی** ← لا ← **سل**

۶ ـ **دو** ← سی ← لا ← **سل**

الگوی جاذبهٔ اصوات فا ماژور

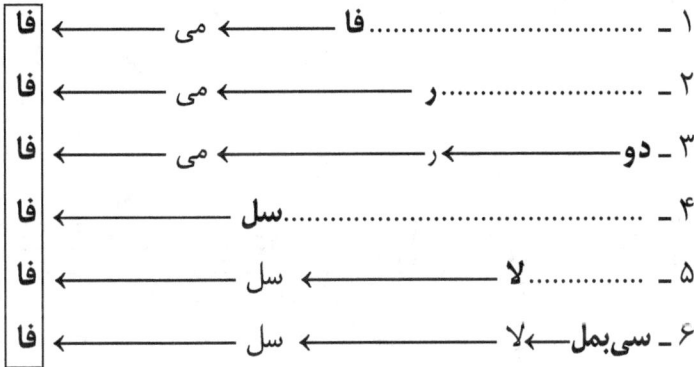

۱ ـ .... **فا** ← می ← **فا**

۲ ـ .... **ر** ← می ← **فا**

۳ ـ **دو** ← ر ← می ← **فا**

۴ ـ .... **سل** ← **فا**

۵ ـ .... **لا** ← سل ← **فا**

۶ ـ **سی‌بمل** ← لا ← سل ← **فا**

سرایش «الگوی جاذبهٔ اصوات» در یکایک تنالیته‌های ماژور بنابر ترتیب دیزها و بمل‌های آنها و رعایت موقعیت همسایگی این گام‌ها با گام دوماژور لازم است به ترتیبِ ارائه شده در زیر صورت پذیرد.

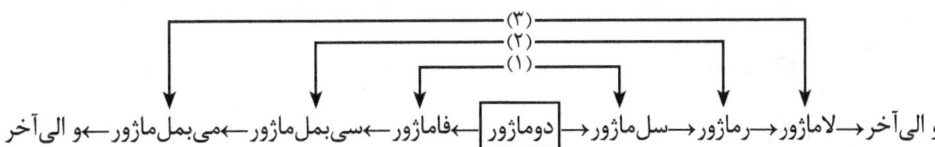

با توجه به توضیح صفحهٔ قبل، نخست تنالیته‌های سل‌ماژور (با یک دیز) و نیز فاماژور (با یک بمل) موردنظر قرار می‌گیرد، آن‌گاه به تدریج دیگر تنالیته‌ها به ترتیب تعداد دیزها و بمل‌ها در تمرینات الگوزنی «جاذبهٔ اصوات» قرار خواهند گرفت.

بدین‌ترتیب با اِعمال روش «الگوی جاذبهٔ اصوات» در تمامی تنالیته‌های ماژور به تدریج توانایی سرایش اصوات منفصل در یکایک تنالیته‌های ماژور و متعاقباً مینورهای نسبی آنان مقدور می‌شود.

لازم به ذکر است طول زمان استفاده فراگیرنده از الگوی جاذبهٔ اصوات محدود است و به مدت زمان تسلط وی به سرایش انواع فواصل منفصل اصوات در تنالیته‌های ماژور و در پی آن مینورها بستگی دارد. در حقیقت الگوی جاذبهٔ اصوات تنها یک وسیلهٔ مقطعی برای دستیابی اصولی و سریع فراگیرنده به توان سرایش اصوات با فواصل منفصل است که به طور طبیعی با اشراف و تسلط یافتن هر چه بیشتر فراگیرنده به آنها (اصوات) احساس نیاز وی به استفاده از الگوی جاذبهٔ اصوات به تدریج کمتر خواهد شد.

۴۷

الگوی جاذبهٔ اصوات «سل‌ماژور»

یکایک مراحل الگوی جاذبهٔ اصوات سل‌ماژور را همانند جاذبهٔ اصوات «دوماژور» نخست به روال ترتیبی و سپس غیرترتیبی تقلید صوت[1] می‌کنیم.

عمل تقلید صوت لازم است به اندازه‌ای انجام پذیرد که بتوان مراحل مذکور را متعاقباً به صورت ذهنی[2] نیز سرایش کرد.

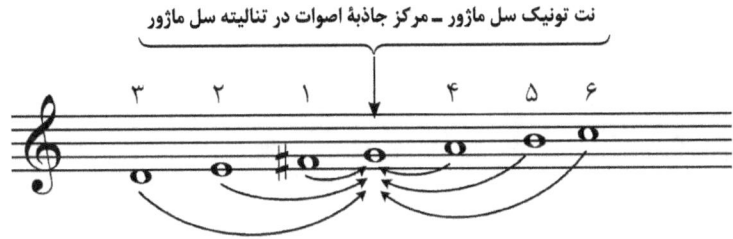

الگوی جاذبهٔ اصوات ترتیبی (سل ماژور)

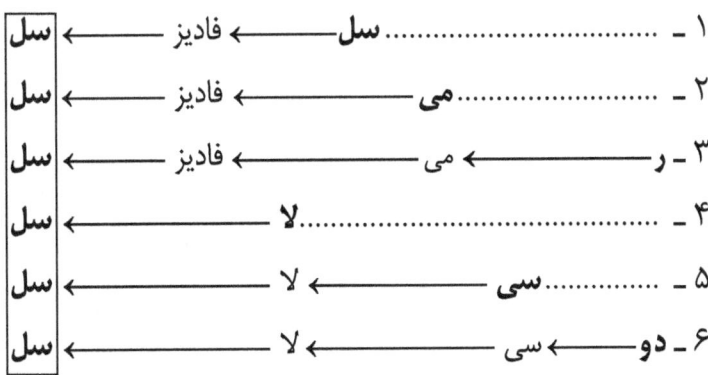

۱ ـ .... **سل** ——→ فادیز ——→ **سل**

۲ ـ .... **می** ——→ فادیز ——→ **سل**

۳ ـ **ر** ——→ می ——→ فادیز ——→ **سل**

۴ ـ .... **لا** ——→ **سل**

۵ ـ .... **سی** ——→ لا ——→ **سل**

۶ ـ **دو** ——→ سی ——→ لا ——→ **سل**

---

۱. به بخش «تقلید اصوات موسیقایی» مراجعه شود.

۲. سرایش بدون کمک گرفتن از صدای ساز (پیانو)

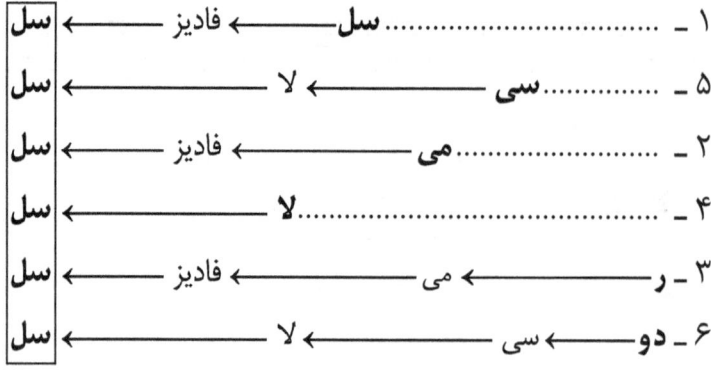

الگوی جاذبهٔ اصوات غیرترتیبی (سل ماژور)

۱ ـ .... **سل** ← فادیز ← **سل**

۵ ـ .... **سی** ← لا ← **سل**

۲ ـ .... **می** ← فادیز ← **سل**

۴ ـ .... **لا** ← **سل**

۳ ـ **ر** ← می ← فادیز ← **سل**

۶ ـ **دو** ← سی ← لا ← **سل**

با ممارست در تمرینات مذکور به صورت «تقلید صوت» و متعاقباً سرایش «ذهنی» تمامی مراحل «الگوی جاذبه اصوات» در سل‌ماژور، اکنون می‌توان خطوط اصوات در مثال‌های زیر را به ترتیب شماره‌های آن و نیز در پی آن دیگر خطوط اصوات مشابه را به کمک «الگوی جاذبهٔ اصوات» سل‌ماژور به آسانی سرایش کرد.

در مثال‌های ارائه شده، خطوط منحنی (علامت فلش) مسیر حرکت اصوات را به روال «الگوی جاذبهٔ اصوات» سل‌ماژور نشان می‌دهد. بدین ترتیب، چنانچه پیش از این نیز اشاره شد، سرایش تمامی اصوات خصوصاً اصوات داخل علامت فلش به علت میل جذب‌شوندگی آنها به سوی تونیک گام و در نتیجه تداعی مراحل «الگوی جاذبهٔ اصوات» سل‌ماژور، به آسانی امکان‌پذیر می‌شود. لازم به تذکر است، رعایت ترتیب شماره‌ها در مثال‌های ارائه شده به هنگام تمرین سرایش آنها توسط فراگیرنده، کاملاً ضروری و اجتناب‌ناپذیر است.

مثال (۱)

مثال (۲)

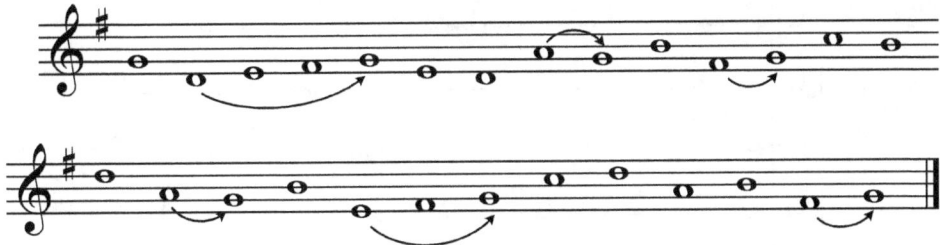

مثال (۳)

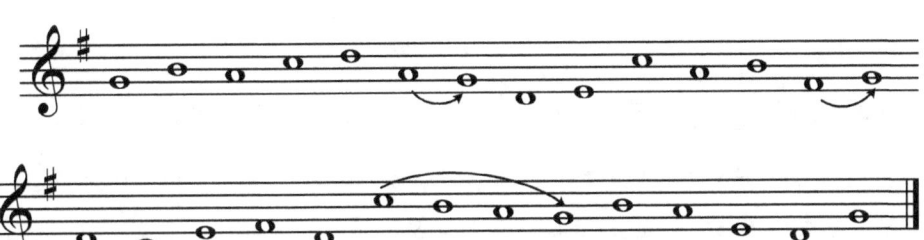

مثال (۴)

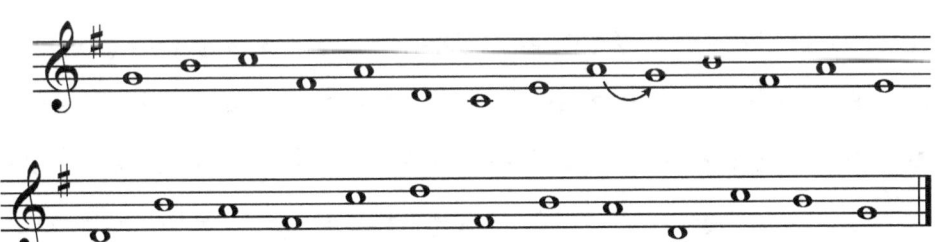

۴۸

خط اصوات در تنالیته‌های مینور

سرایش اصوات در تنالیته‌های مینور نخست مستلزم شناخت گام های مینور[1] بنابر سه حالت: «تئوریک»، «هارمونیک» و «ملودیک» است.

برای سرایش اصوات در تنالیته مینور می‌توان به صورت موقت با تکیه بر «الگوی جاذبهٔ اصوات» گام ماژور نسبی آن اقدام کرد. به عنوان مثال، سرایش اصوات در تنالیتهٔ لامینور نخست با کمک الگوی «جاذبه اصوات» دوماژور مقدور می‌شود. همین‌طور است سرایش اصوات در تنالیتهٔ می‌مینور که نخست با استفاده از الگوی «جاذبهٔ اصوات» سل‌ماژور انجام می‌پذیرد و نیز سرایش اصوات در تنالیتهٔ رمینور که نخست براساس «جاذبهٔ اصوات» فاماژور ممکن می‌شود.

بدین‌ترتیب صوت درجه هفتم گام مینور هارمونیک را که ـ به اندازهٔ نیم‌پرده زیرتر می‌شود در خطوط اصوات و یا ملودی‌ها می‌توان موقتاً به مثابه نت آلتره شده در تنالیتهٔ ماژور نسبی آن تلقی و به آسانی سرایش کرد.

برای سرایش درجات ششم و هفتم مینور ملودیک که در موقعیت بالارونده به اندازهٔ نیم‌پرده افزایش می‌یابند و در موقعیت پایین‌رونده به حالت اول باز می‌گردند نیز در خطوط اصوات و یا ملودی‌ها در تنالیته مینور از جاذبهٔ موقت ماژور همنام، به طریقی که پس از این به شرح آن می‌پردازیم، استفاده می‌کنیم.

---

۱. رجوع شود به کتب تئوری موسیقی (مبانی نظری موسیقی)

۴۹

خط اصوات در تنالیتهٔ «لامینور» (۱)

سرایش اصوات در تنالیته «لامینور» چنانچه پیش از این نیز اشاره شد، نخست به صورت موقت با یاری جستن از «الگوی جاذبهٔ اصوات» ماژور نسبی آن یعنی «دوماژور» به آسانی ممکن می‌شود.

مثال: خط اصوات در تنالیته «لامینور تئوریک»

تمامی اصوات در مثال بالا (لامینور تئوریک) در واقع همان اصوات «تنالیته دوماژور» است. بنابراین، می‌توان با به کارگیری موقت «الگوی جاذبهٔ اصوات دوماژور» تمامی اصوات مثال فوق و نیز مثال‌های مشابه آن را به آسانی سرایش کرد.

اصوات در تنالیتهٔ «لامینور ـ هارمونیک» نیز همانند «لامینور تئوریک» است ولی با این تفاوت که صوت درجهٔ هفتم «لامینور هارمونیک» به اندازهٔ نیم‌پرده افزایش می‌یابد (یعنی صوت «سل» به «سل‌دیز» تبدیل می‌شود).

چنانچه پیش از این نیز اشاره شد صوت «سل‌دیز» را می‌توان به صورت موقت، به مثابهٔ نت آلتره شده در تنالیته (دوماژور) تلقی نمود. در این‌صورت این صوت نیز از طریق ردیف آلتره‌های دیز به آسانی قابل سرایش خواهد بود.

مثال: خط اصوات در تنالیته «لامینور هارمونیک»

ردیف آلترهٔ سل‌دیز با حذف دوم

تفاوت اصوات گام مینور «ملودیک» با گام مینور «تئوریک» در افزایش نیم پرده‌ای درجات ششم و هفتم این گام است که در مسیر بالاروندهٔ این گام به کار گرفته می‌شوند ولی در مسیر پایین‌روندهٔ گام، درجات مذکور به حالت مینور «تئوریک» باز می‌گردند.

گام «لامینور ملودیک» به دو صورت بالارونده و پایین‌رونده

خط اصوات در تنالیته «لامینور ملودیک»

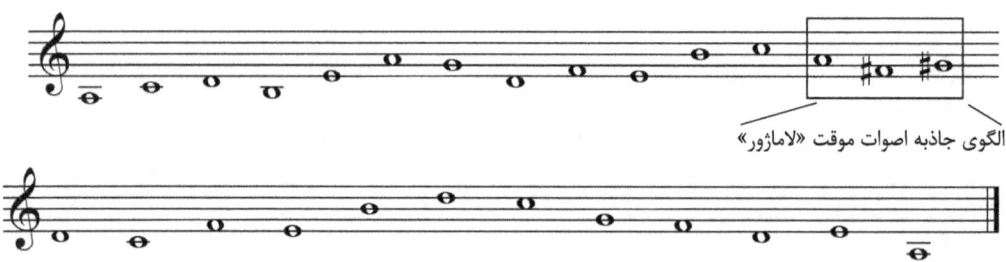

الگوی جاذبه اصوات موقت «لاماژور»

برای سرایش آسان اصوات پی‌درپی (فادیز ـ سل‌دیز) در تنالیته «لامینور ملودیک» می‌توان در مقطع موردنظر، از تداعی موقت الگوی جاذبهٔ اصوات «لاماژور» در ذهن بهره گرفت و چنانچه

پیش از این نیز اشاره شد، بقیهٔ اصوات با استفاده از الگوی جاذبهٔ اصوات تنالیته ماژور نسبی آن یعنی «دوماژور» قابل سرایش است.

با توجه به توضیحات ارائه شده در بخش «الگوزنی جاذبهٔ اصوات در تنالیته‌های ماژور» استفاده فراگیرنده از «الگوی جاذبهٔ اصوات» ــ ماژورهای نسبی ــ برای سرایش اصوات منفصل در مینورها موقت است و نیاز به استفاده از آن بستگی به تسلط وی به سرایش بدون اشتباه اصوات در تنالیته‌های مینور دارد.

مثال (۱)

مثال (۲)

هریک از مثال‌های بالا نمونه‌هایی از خطوط اصوات «لامینور» با سه حالت «تئوریک»، «هارمونیک» و «ملودیک» می‌باشد که برای تمرین سرایش فراگیرندگان ارائه شده است.

۵۰

ردیف آلتره‌های بمل (۱)

همان‌گونه که پیش از این نیز اشاره شده است، نیم‌پرده‌های بین فواصل یک پرده‌ای در گام دوماژور از دیدگاه «بمل» به ترتیب از بم به زیر چنین نامیده می‌شود؛

«ربمل»، «می‌بمل»، «سل‌بمل»، «لابمل»، «سی‌بمل»

برای آسان شدن سرایش این اصوات به عنوان اصوات آلتره در تنالیته دوماژور و متعاقباً در دیگر تنالیته‌ها، لازم است نخست آنها را به صورت زیر «دسته‌بندی» کنیم:

اکنون هریک از مراحل پنجگانهٔ ردیف شده زیر را جداگانه نخست بادقت در کوک، تقلید صوت[1] می‌کنیم. این مورد لازم است به اندازه‌ای تمرین شود که سپس بتوان تمامی آنها را بدون یاری جستن از صدای ساز «پیانو» سرایش کرد.

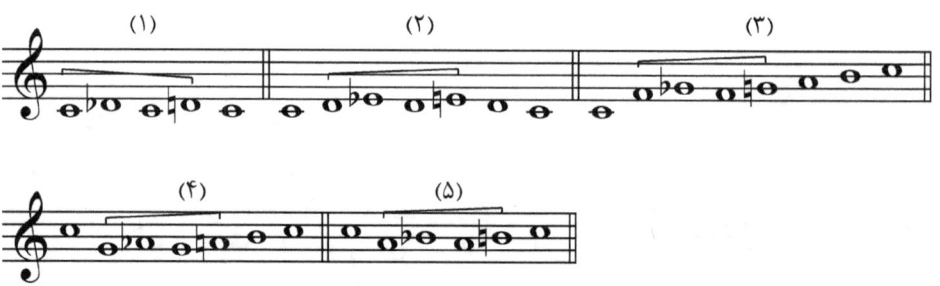

در این‌صورت سرایش اصوات مثال صفحهٔ بعد و نمونه‌های مشابه آن توسط فراگیرنده، به کمک دو کلید کار یعنی: «الگوی جاذبهٔ اصوات» و «ردیف آلتره‌های بمل» به آسانی ممکن می‌شود.

---

۱. رجوع شود به بخش «تقلید اصوات موسیقایی»

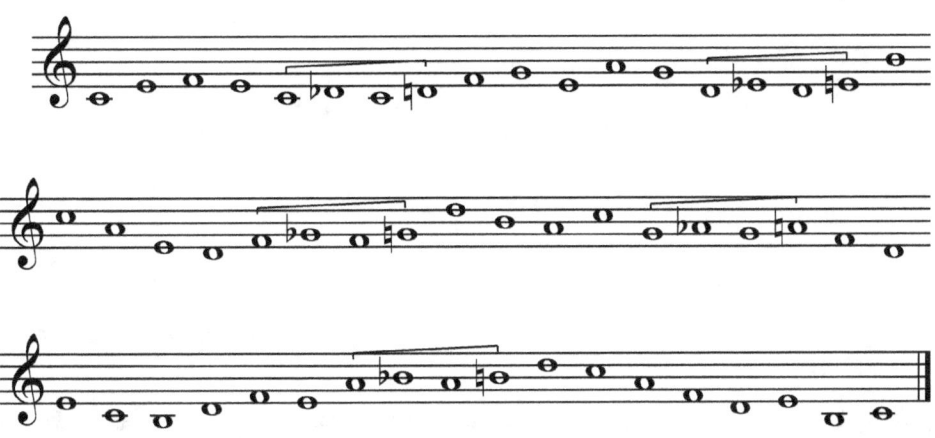

با توجه به مطالب ذکر شده و مثال ارائه شده در بالا، برای سرایش هریک از اصوات آلتره در تنالیته دوماژور، نخست[1] تمامی اصوات تشکیل‌دهندهٔ «ردیف آلتره» موردنظر را نوشته و سرایش می‌کنیم.

به عنوان مثال: برای سرایش آلتره «لابمل» ابتدا از تمامی چهار صوت ردیف شده آن یعنی: «سل، لابمل، سل، لابکار» استفاده می‌کنیم و برای سرایش آلتره «می‌بمل» نخست از تمامی چهار صوت ردیف شده آن یعنی: «ر، می‌بمل، ر ، می‌بکار» استفاده خواهیم کرد. و بدین‌ترتیب ...

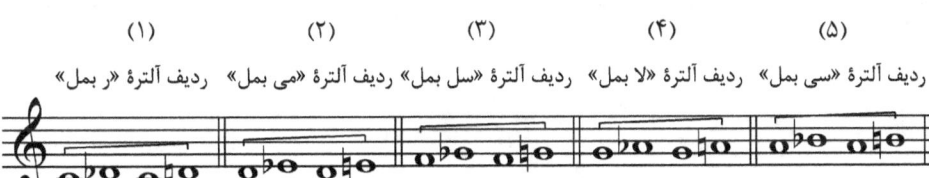

نمونه بعد که با استفاده از ردیف آلتره‌های بمل در تنالیته دوماژور نوشته شده است، برای

۱. در بخش‌های بعدی با ترتیبی که بدان اشاره خواهیم نمود به تدریج اصوات ردیف شده در اطراف آلتره‌ها را حذف می‌نماییم.

تمرین ردیف آلتره‌های بمل ارائه شده است.

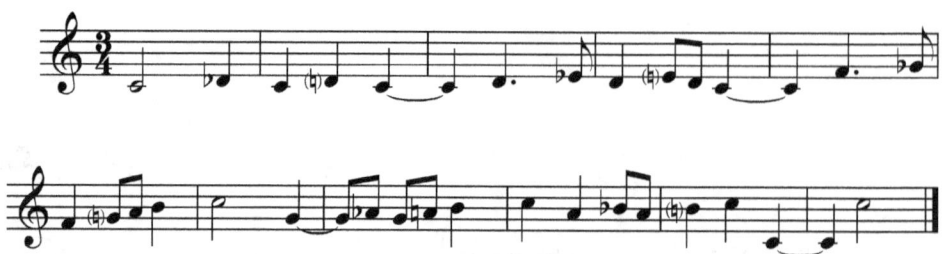

۵۱

الگوی جاذبهٔ اصوات «فاماژور»

یکایک مراحل الگوی جاذبهٔ اصوات فاماژور را همانند جاذبه اصوات «دوماژور» نخست به روال ترتیبی و سپس غیرترتیبی تقلید صوت[1] می‌کنیم. عمل تقلید صوت لازم است به اندازه‌ای انجام پذیرد که بتوان مراحل مذکور را متعاقباً به صورت ذهنی[2] نیز سرایش کرد.

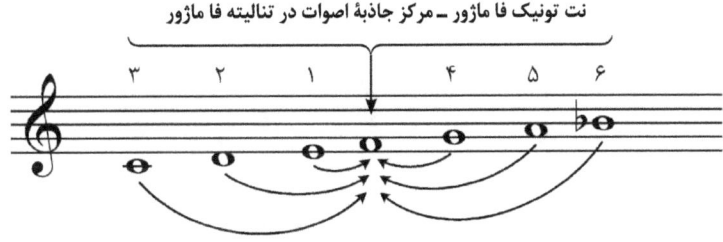

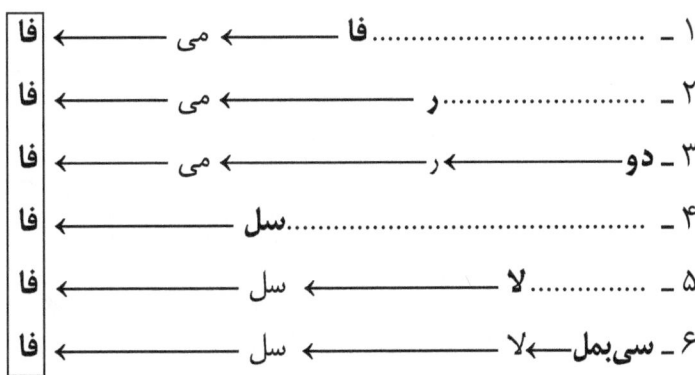

الگوی جاذبهٔ اصوات ترتیبی (فا ماژور)

۱ ـ .... **فا** ← می ← **فا**

۲ ـ .... **ر** ← می ← **فا**

۳ ـ **دو** ← ر ← می ← **فا**

۴ ـ .... **سل** ← **فا**

۵ ـ .... **لا** ← سل ← **فا**

۶ ـ **سی‌بمل** ← لا ← سل ← **فا**

---

۱. مراجعه شود به بخش «تقلید اصوات موسیقایی»

۲. سرایش، بدون کمک گرفتن از صدای ساز (پیانو)

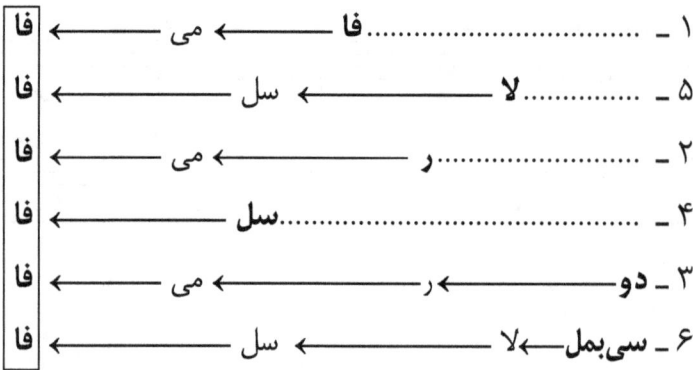

الگوی جاذبۀ اصوات غیر ترتیبی (فا ماژور)

۱ ـ .... **فا** ⟵ می ⟵ **فا**

۵ ـ .... **لا** ⟵ سل ⟵ **فا**

۲ ـ .... **ر** ⟵ می ⟵ **فا**

۴ ـ .... **سل** ⟵ **فا**

۳ ـ **دو** ⟵ ر ⟵ می ⟵ **فا**

۶ ـ **سی‌بمل** ⟵ لا ⟵ سل ⟵ **فا**

با ممارست در تمرینات مذکور به صورت «تقلید صوت» و متعاقباً سرایش «ذهنی» تمامی مراحل الگوی «جاذبۀ اصوات» در فاماژور، اکنون می‌توان خطوط اصوات مثال‌های زیر را به ترتیب شماره‌های آن و نیز در پی آن دیگر خطوط اصوات مشابه را با کمک گرفتن از «الگوی جاذبۀ اصوات» فاماژور به آسانی سرایش کرد.

در مثال‌های ارائه شده، خطوط منحنی (علامت فلش) مسیر حرکت اصوات را به روال «الگوی جاذبۀ اصوات» فاماژور نشان می‌هد. بدین‌ترتیب، چنانچه پیش از این نیز اشاره شد، سرایش تمامی اصوات خصوصاً اصوات داخل علامت فلش به علت میل جذب‌شوندگی آنها به سوی تونیک گام و در نتیجه تداعی مراحل «الگوی جاذبۀ اصوات» فاماژور، به آسانی امکان‌پذیر می‌شود.

لازم به تذکر است، رعایت ترتیب شماره‌ها در مثال‌های ارائه شده به هنگام تمرین سرایش آنها توسط فراگیرنده، کاملاً ضروری و اجتناب‌ناپذیر است.

مثال (۱)

مثال (۲)

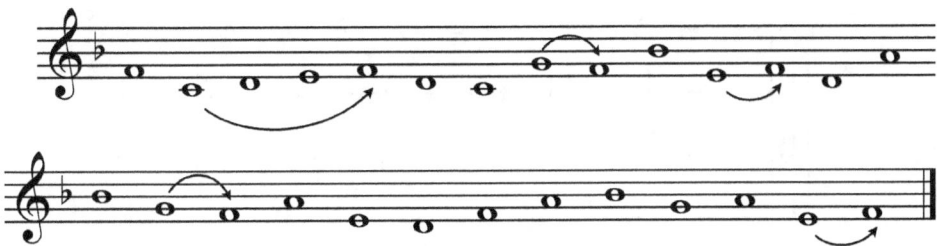

مثال (۳)

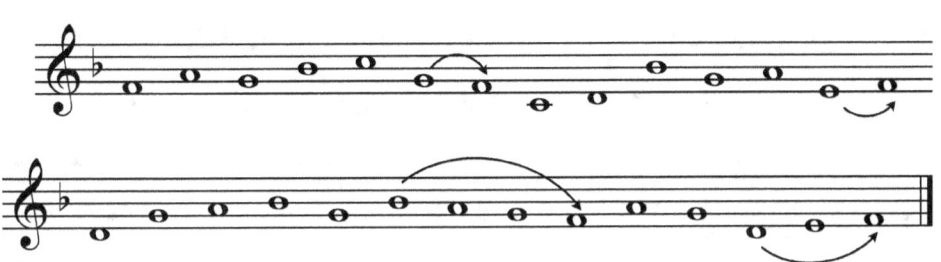

مثال (۴)

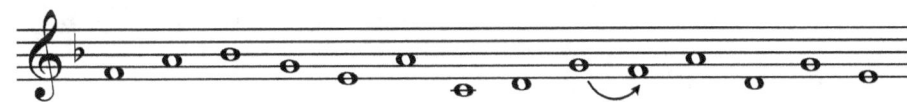
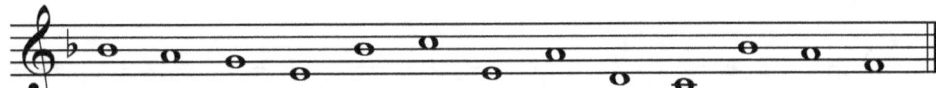

۵۲

خط اصوات در تنالیتهٔ «می‌مینور» (۱)

سرایش اصوات در تنالیته «می‌مینور»، چنانچه پیش از این نیز اشاره شد، نخست، به صورت موقت، با یاری جستن از «الگوی جاذبهٔ اصوات» ماژور نسبی آن یعنی «سل‌ماژور» به آسانی ممکن می‌شود.

مثال: خط اصوات در تنالیته «می‌مینور تئوریک»

تمامی اصوات در مثال بالا (می‌مینور تئوریک) در واقع همان اصوات «تنالیته سل‌ماژور» است. بنابراین، می‌توان با به کارگیری موقت «الگوی جاذبهٔ اصوات سل‌ماژور» تمامی اصوات مثال فوق و نیز مثال‌های مشابه آن را به آسانی سرایش کرد.

اصوات در تنالیته «می‌مینور ـ هارمونیک» نیز همانند «می‌مینور تئوریک» است ولی با این تفاوت که صوت درجهٔ هفتم «می‌مینور هارمونیک» به اندازهٔ نیم‌پرده افزایش می‌یابد (یعنی صوت «ر» به «ردیز» تبدیل می‌شود).

چنانچه پیش از این نیز اشاره شد، صوت «ردیز» را می‌توان به صورت موقت به مثابهٔ نت آلتره شده در تنالیته (سل‌ماژور) تلقی نمود. در این‌صورت این صوت نیز از طریق ردیف آلتره‌های دیز به آسانی قابل سرایش خواهد بود.

مثال: خط اصوات در تنالیته «می‌مینور هارمونیک»

ردیف آلترۀ ردیز با حذف دوم

تفاوت اصوات گام مینور «ملودیک» با گام مینور «تئوریک» در افزایش نیم‌پرده‌ای درجات ششم و هفتم این گام است که در مسیر بالاروندۀ این گام به کار گرفته می‌شوند ولی در مسیر پایین‌روندۀ گام، درجات مذکور به حالت مینور «تئوریک» باز می‌گردند.

گام «می‌مینور ملودیک» به دو صورت بالارونده و پایین‌رونده

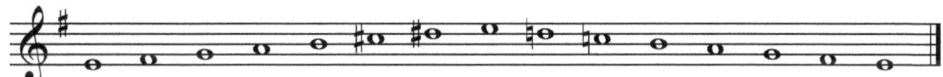

خط اصوات در تنالیته «می‌مینور ملودیک»

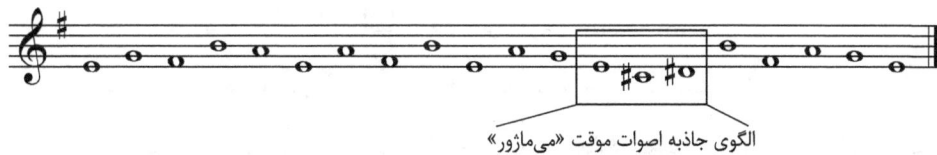

الگوی جاذبه اصوات موقت «می‌ماژور»

برای سرایش آسان اصوات پی‌درپی (دودیز ـ ردیز) در تنالیته «می‌مینور ملودیک» می‌توان در مقطع موردنظر موقتاً از الگوی جاذبۀ اصوات «می‌ماژور» بهره گرفت و چنانچه پیش از این نیز اشاره شد، سرایش بقیۀ اصوات در تنالیته مذکور با استفاده از الگوی جاذبۀ اصوات تنالیته

۱۴۴ / روش نوین مبانی اجرای موسیقی

ماژور نسبی آن یعنی «سل‌ماژور» قابل سرایش است.

با توجه به توضیحات ارائه شده در بخش «الگوزنی جاذبهٔ اصوات در تنالیته‌های ماژور» استفادهٔ فراگیرنده از «الگوی جاذبهٔ اصوات» ـ ماژورهای نسبی ـ برای سرایش اصوات در تنالیته‌های مینور، موقت است و نیاز به استفاده از آن تا زمان تسلط وی به سرایش بدون اشتباه اصوات در تنالیته‌های مینور خواهد بود.

مثال (۱)

مثال (۲)

هریک از مثال‌های بالا نمونه‌هایی از خطوط اصوات «می‌مینور» با سه حالت «تئوریک»، «هارمونیک» و «ملودیک» می‌باشد که به عنوان نمونه برای تمرین سرایش فراگیرندگان ارائه شده است.

این تمرین لازم است در دیگر تنالیته‌های مینور دیزدار نیز انجام شود.

۵۳

ردیف آلتره‌های بمل (۲)

چنانچه در بخش «ردیف آلتره‌های بمل (۱)» اشاره شد، برای سرایش هریک از اصوات آلتره شده در تنالیتهٔ «دوماژور»، نخست لازم است تمامی چهار صوت تشکیل‌دهندهٔ «ردیف آلتره» مربوطه را در خط اصوات موسیقایی مانند مثال زیر نوشته و سرایش کنیم.

مثال

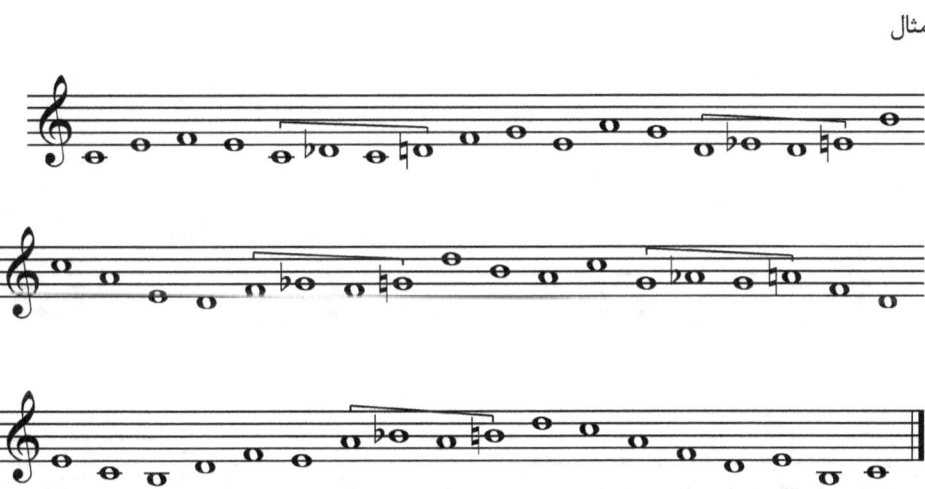

پس از تسلط نسبی فراگیرنده بر سرایش مثال بالا و دیگر مثال‌های مشابه آن، می‌توان به ترتیبی که به آن اشاره خواهیم کرد، یکایک اصوات تشکیل‌دهندهٔ «ردیف آلتره» را که در اطراف صوت آلتره شده قرار دارند، به تدریج حذف کرد.

حذف اصوات اطراف صوت آلتره شده در ردیف آلتره‌ها به صورت مراحل اشاره شده در زیر است. به عنوان مثال: حذف ترتیبی اصوات ردیف آلتره «لابمل» چنین است:

حذف اول

حذف صوت «لابکار»

حذف دوم

حذف صوت «لابکار» و «سل»

حذف سوم

حذف صوت «لابکار» و «سل»

حذف چهارم

حذف تمامی اصوات اطراف «لابمل»

مثال (۱): خط اصوات در تنالیته دوماژور همراه با آلتره‌های بمل با **حذف اول**

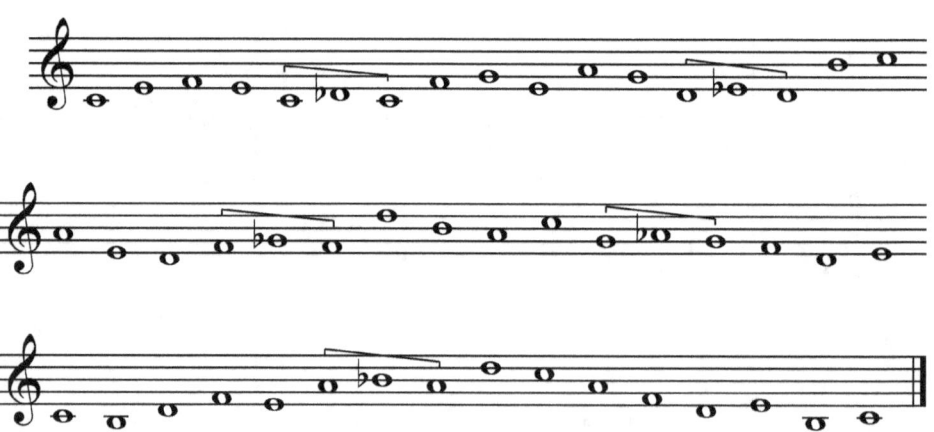

مثال (۲): خط اصوات در تنالیته دوماژور همراه با آلتره‌های بمل با **حذف دوم**

مثال (۳): خط اصوات در تنالیته دوماژور همراه با آلتره‌های بمل با **حذف سوم**

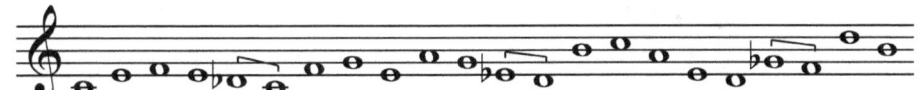

مثال (۴): خط اصوات در تنالیته دوماژور همراه با آلتره‌های بمل با **حذف چهارم**

سرایش اصوات در تنالیته دوماژور همراه با آلتره‌های بمل برابر حذف‌های اشاره شده (به صورت نمونه‌های ارائه شده در این بخش) لازم است، به ترتیب در دیگر تنالیته‌های ماژور و متعاقباً مینورهای مربوطه نیز انجام پذیرد.

این تمرینات نه تنها از راه بینایی[1] صورت می‌گیرد بلکه در پی آن، لازم است از راه ذهنی[2] نیز اقدام شود.

سرایش ذهنی خط اصوات در تنالیته دوماژور همراه با آلتره‌های «بمل» به صورت حذف اول تا چهارم توسط فراگیرندگان، اقدام بسیار ارزشمندی است برای دستیابی قطعی آنان به اصوات متنوع و آلتره‌ها در تمامی تنالیته‌های ماژور و مینور.

لازم به ذکر است تسلط ذهنی هرچه گسترده‌تر فراگیرندگان به بداهه‌خوانی فواصل متنوع در هر تنالیته همراه با آلتره‌ها نیز می‌تواند راه‌گشای درک آسان‌تر آنها نسبت به این اصوات از راه شنوایی باشد.

---

۱. اصوات به صورت نوشته شده «روخوانی» می‌شوند.

۲. اصوات به صورت «فی‌البداهه» (بداهه‌خوانی) سرایش می‌شوند.

۵۴

اختلاط ریتم‌ها و اصوات موسیقایی (۲)

پیش‌نیاز این بخش «اختلاط ریتم‌ها و اصوات موسیقایی (۱)» است. با توجه به ایجاد زمینه‌های لازم در ذهن فراگیرنده نسبت به انواع ریتم‌ها و اصوات موسیقایی گوناگون در بخش‌های گذشته، اکنون وی با تمرین در سرایش خطوطی که اختلاطی از موارد مذکور (ریتم ـ اصوات موسیقایی) است می‌تواند به توانایی لازم در این زمینه دست یابد.

برای سرایش خط اختلاط ریتم و اصوات موسیقایی باید نخست نسبت به وزن‌خوانی ریتم‌های آن همراه با گویش تنها اسامی[1] نت‌ها به صورت همزمان به دفعات لازم اقدام کرد. سپس تنها با سرایش اصوات در خط اختلاط مذکور، (بدون وزن‌خوانی ریتم‌ها) زمینۀ مطلوبی در ذهن، نسبت به یکایک آنها (اصوات) فراهم می‌شود.

اکنون با توجه به تمرین مراحل ذکر شده، خطی که حاوی اختلاطی از ریتم‌ها و اصوات موسیقایی تمرین شده است به آسانی برای فراگیرنده قابل سرایش خواهد بود.

تمرین سرایش ملودی‌هایی که با استفاده از ردیف آلتره‌های بمل و دیز نوشته می‌شوند نیز لازم است به روال مذکور و به دفعات لازم انجام پذیرد.

مثال: خط اختلاط ریتم‌ها و اصوات موسیقایی در تنالیته دوماژور

---

۱. نخست تنها ذکر اسامی نت‌ها موردنظر است و سپس سرایش صوت آنها.

اصوات جدا شده از خط اختلاط ریتم‌ها و اصوات موسیقایی در مثال صفحهٔ قبل

مثال‌های زیر برای تمرین سرایش اختلاط ریتم‌ها و اصوات موسیقایی ارائه شده‌اند.

تمرین ۱

تمرین ۲

تمرین ۳

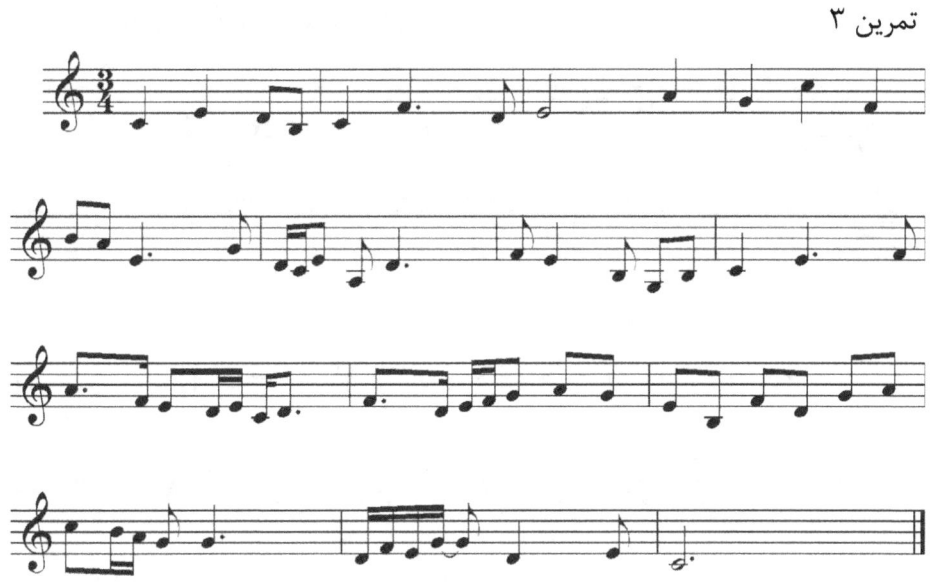

تمرین ۴

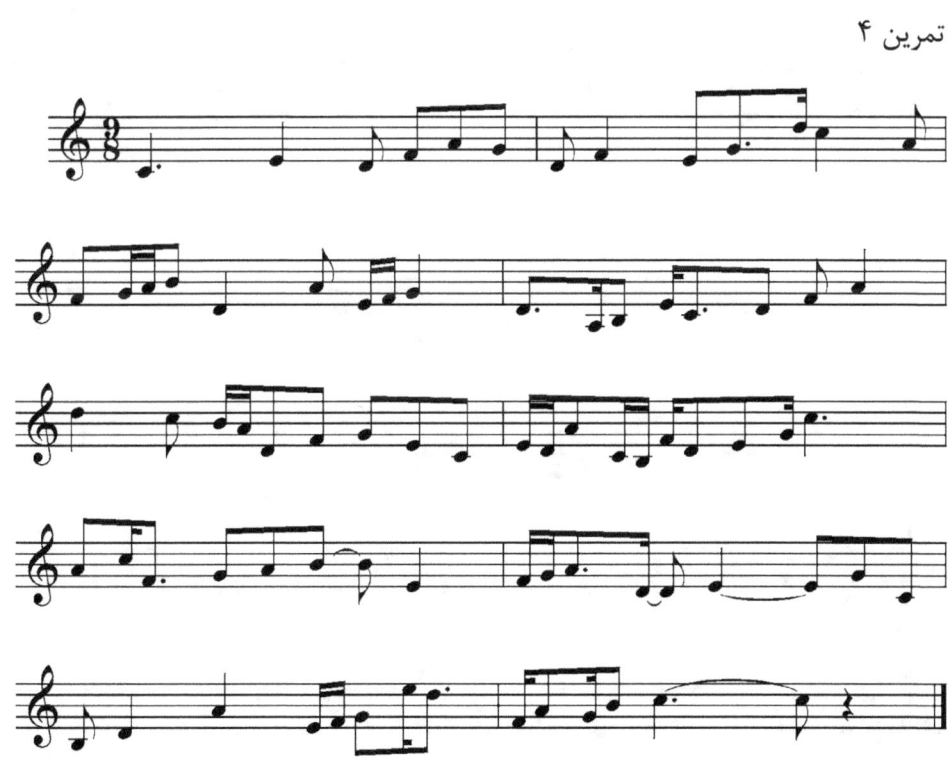

تمرین ۵

تمرین ۶

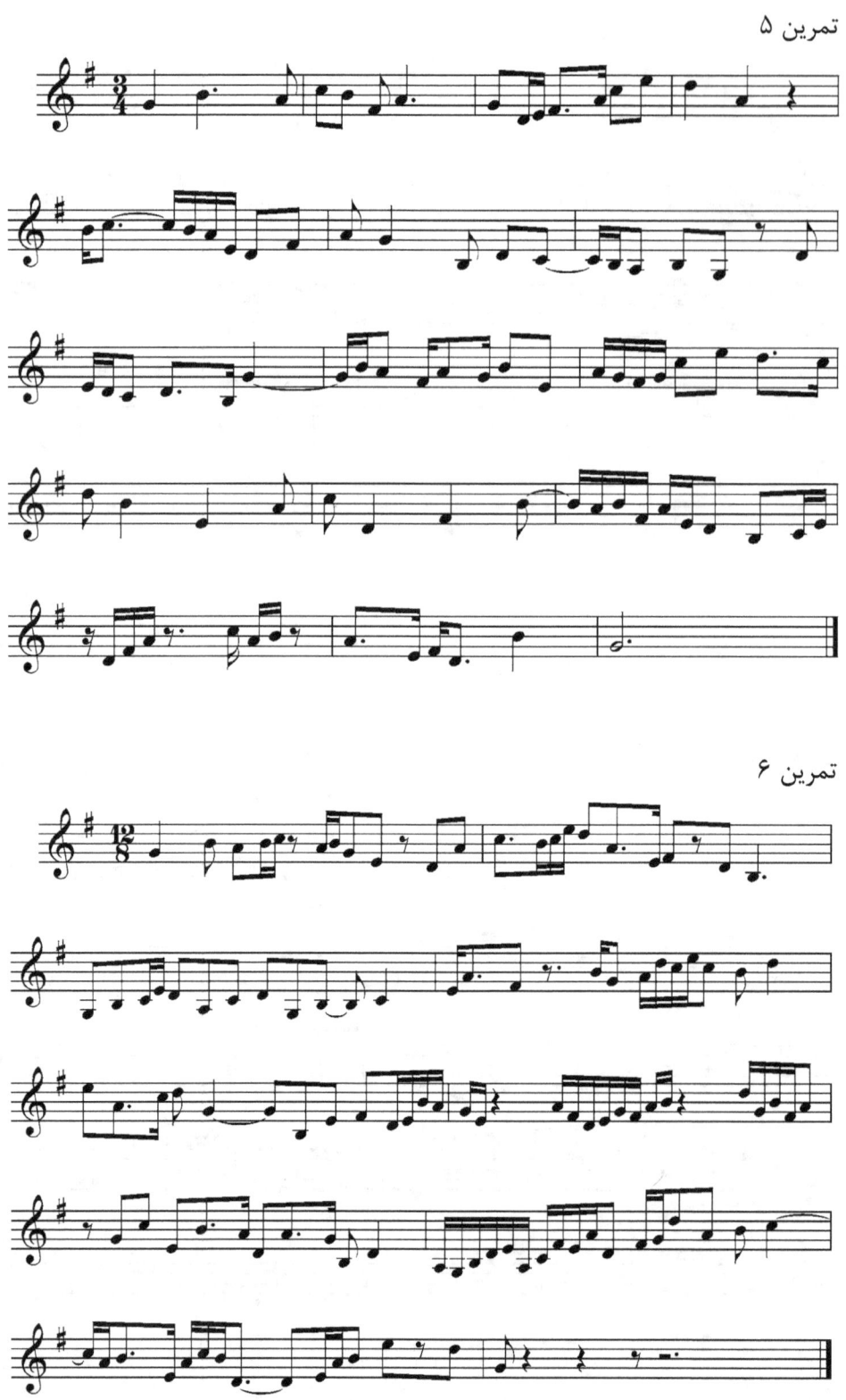

تمرین ۷

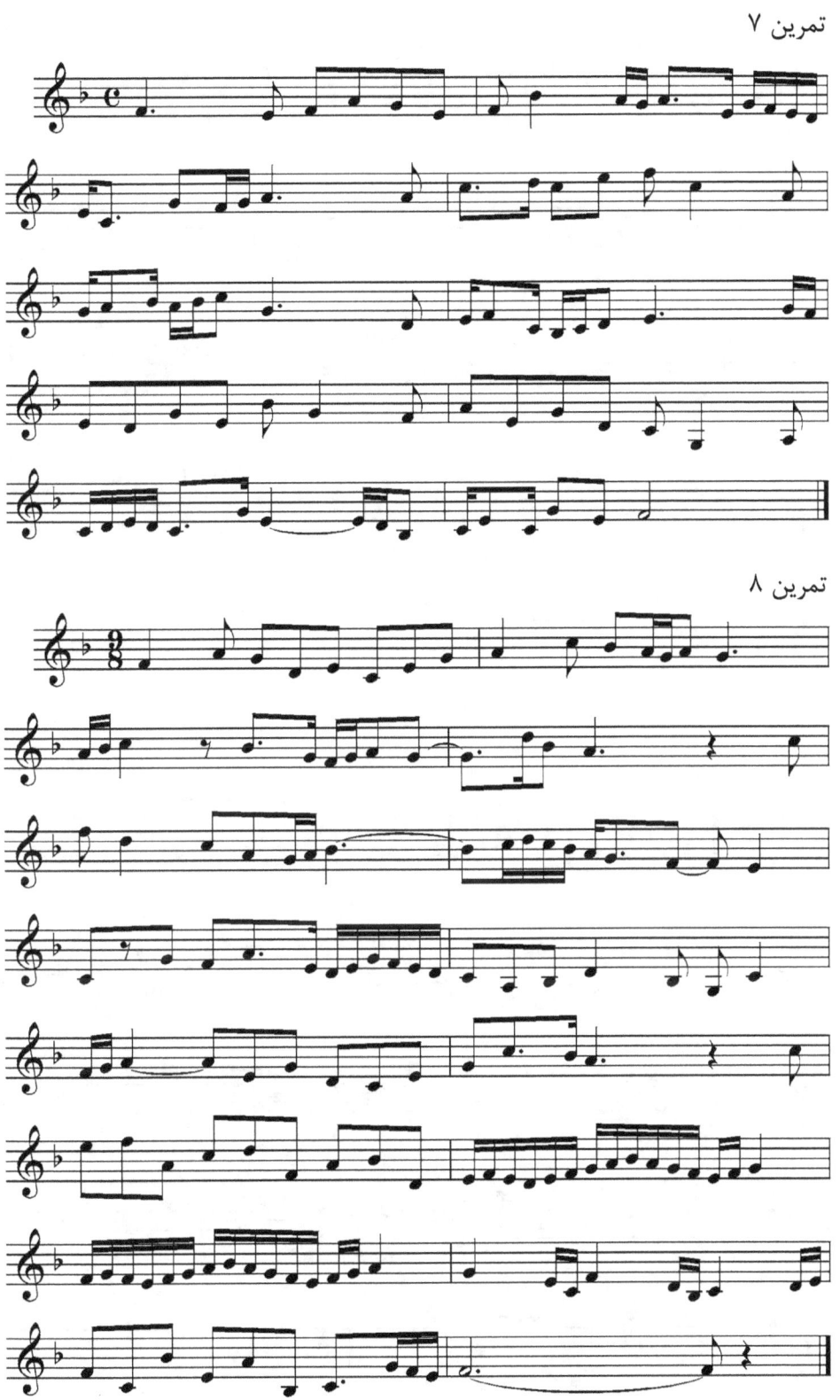

تمرین ۸

تمرین ۹

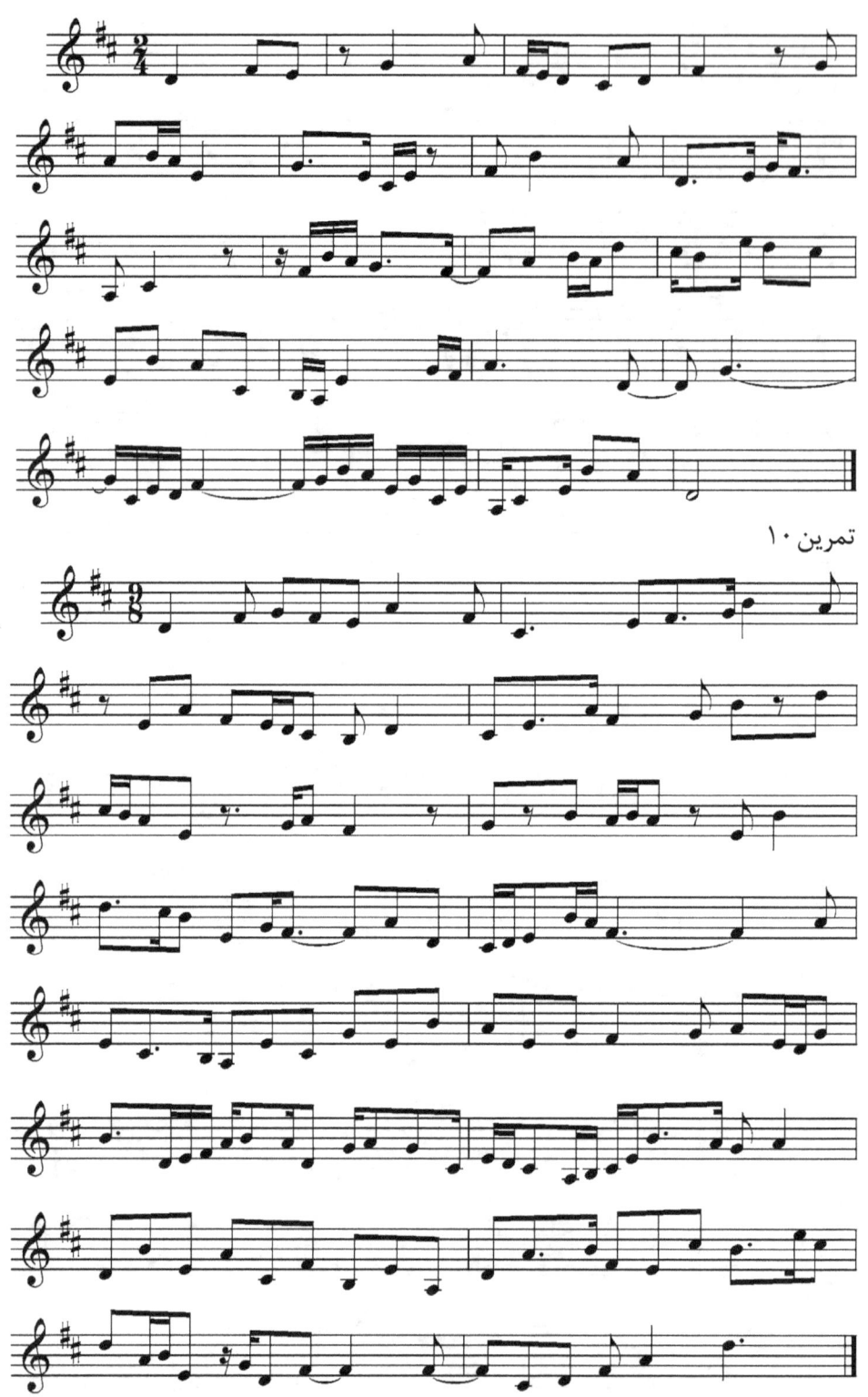

تمرین ۱۰

تمرین ۱۱

تمرین ۱۲

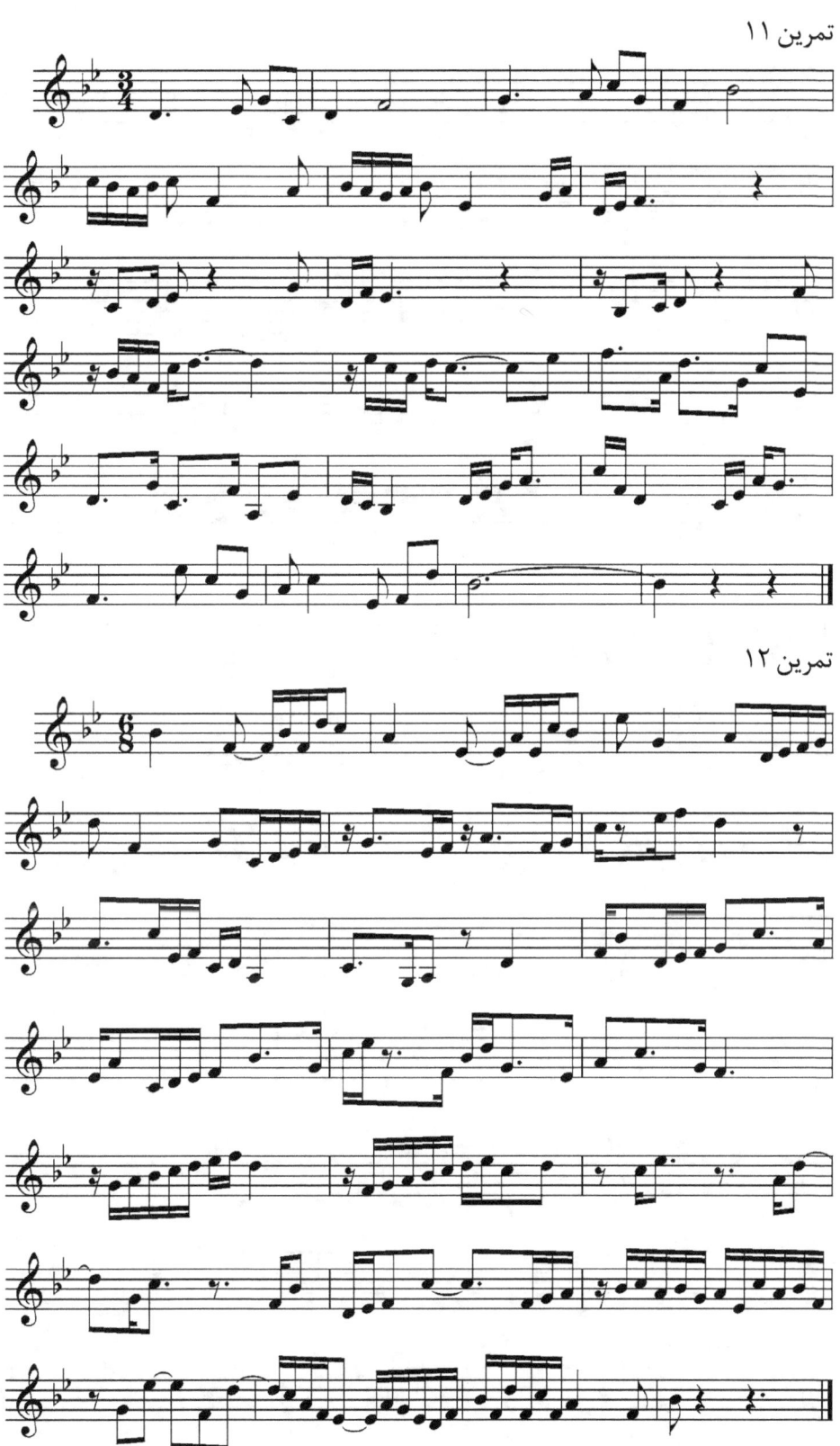

۵۵

خط اصوات در تنالیتهٔ «لامینور» (۲)

دستیابی و تسلط لازم فراگیرنده به بخش «خط اصوات در تنالیته لامینور (۱)» پیش‌نیاز این قسمت است.

اصوات در تنالیته لامینور اعم از متصل و منفصل (مشابه نمونه‌های ارائه شده در وضعیت‌های گوناگون) مانند: (تئوریک، هارمونیک، ملودیک) را به صورت بداهه (ذهنی) سرایش می‌کنیم. بدیهی است سرایش اصوات در حالات تئوریک، هارمونیک و ملودیک این تنالیته، چنانچه در بخش‌های قبلی توجیه شده است، با یاری جستن از ۳ کلید کار یعنی الگوی جاذبهٔ اصوات ماژور نسبی آن (دوماژور)، ردیف آلتره‌های دیز و جاذبهٔ موقت لاماژور مقدور می‌شود.

هدف این بخش تقویت تشخیص فعالانهٔ ذهن فراگیرنده نسبت به تمامی اصوات تنالیته لامینور اعم از متصل و یا منفصل نسبت به یکدیگر و تونیک این تنالیته می‌باشد.

ضمناً، لازم به تأکید است که دستیابی فراگیرنده به مهارت، تسلط و فعالیت ذهنی هرچه بیشتر و دامنه‌دارتر در رابطه با تمرینات مذکور، راه‌گشای درک آسان‌تر آنها (فواصل اصوات در تنالیتهٔ لامینور) از راه شنوایی وی نیز خواهد بود.

مثال‌های ارائه شده نمونه‌هایی هستند که مشابه آنها لازم است توسط فراگیرنده به صورت ذهنی (بداهه‌خوانی) تمرین شوند. بنابراین توصیه می‌شود پیش از اقدام به موارد مقرر شده در این بخش برای آماده‌سازی ذهن، یکایک مثال‌های ارائه شده نخست از راه بینایی (روخوانی) سرایش شوند و آنگاه مشابه آن به صورت ذهنی (بداهه‌خوانی) انجام گیرد.

مثال (۱)

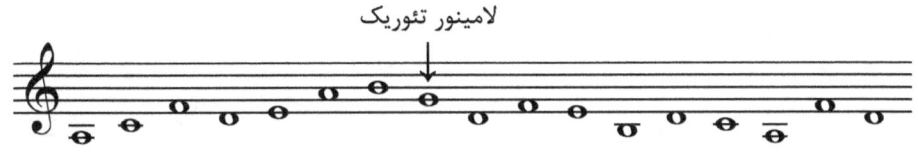

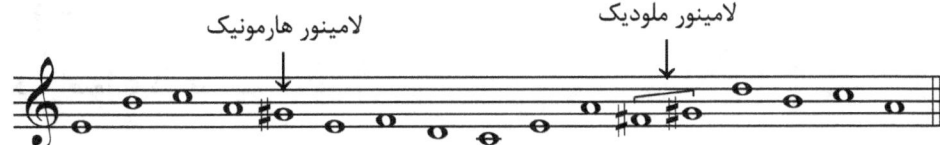

مثال (۲)

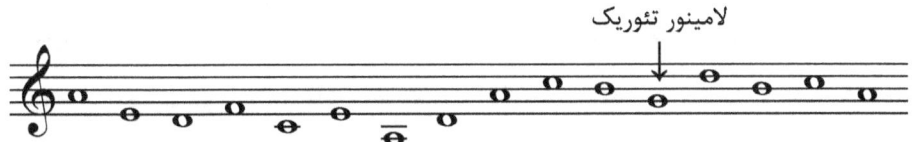

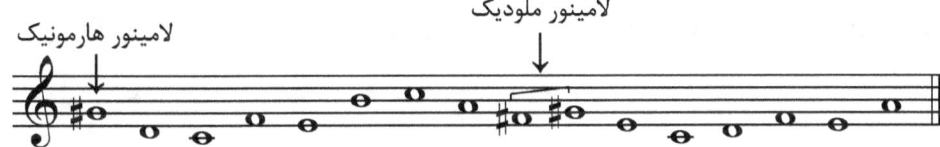

مثال (۳)

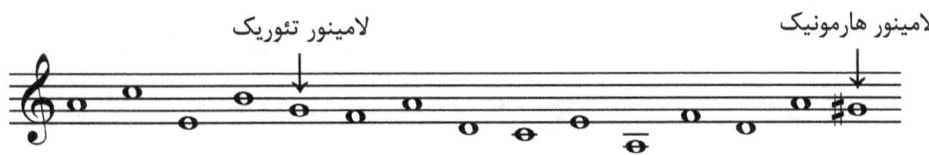

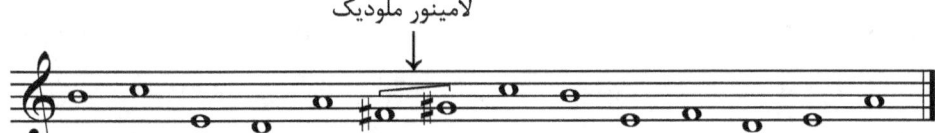

آن‌گونه که در مثال‌های ارائه شده می‌بینیم برای حفظ موقعیت تنالیته لامینور به هنگام سرایش ذهنی (بداهه‌خوانی) آنها. پیشنهاد می‌شود اصوات آغاز و پایان از تونیک و نیز اصوات دوم و پیش از آخر را درجات سوم یا پنجم نسبت به تونیک تشکیل دهد.

۵۶

خط اصوات در تنالیته «سل‌ماژور»

دستیابی و تسلط لازم در بخش «الگوی جاذبهٔ اصوات سل ماژور» یعنی: تسلط بر سرایش حفظی جاذبهٔ ترتیبی و غیرترتیبی «سل‌ماژور» پیش‌نیاز این قسمت است.

اصوات متنوع در تنالیته سل ماژور اعم از متصل و منفصل (مشابه نمونه‌های ارائه شده) را به صورت بداهه‌خوانی (ذهنی) سرایش می‌کنیم. بدیهی است امکان سرایش اصوات به صورت منفصل با کمک بخش «الگوی جاذبهٔ اصوات سل‌ماژور» مقدور خواهد شد.

تمرینات این بخش به تقویت تشخیص فعالانهٔ ذهن فراگیرنده نسبت به تمامی اصوات تنالیته سل‌ماژور اعم از نوع متصل و منفصل و نیز سنجش موقعیت اصوات نسبت به یکدیگر و «تونیک» کمک شایانی می‌کند. ضمناً لازم به تأکید است که مهارت، تسلط و دستیابی ذهنی هرچه بیشتر و گسترده‌تر فراگیرنده در رابطه با تمرینات مذکور، راه‌گشای درک آسان‌تر آنها (اصوات تنالیته سل‌ماژور) از راه شنوایی وی نیز خواهد بود.

مثال‌های ارائه شده نمونه‌هایی هستند که مشابه آنها لازم است توسط فراگیرنده به صورت ذهنی، بداهه‌خوانی شوند. پیش از اقدام به تمرین ذهنی (بداهه‌خوانی) موارد مقرر شده برای آماده‌سازی ذهن توصیه می‌شود، نخست یکایک مثال‌های ارائه شده را فراگیرنده از راه بینایی (روخوانی) سرایش نماید و آنگاه سرایش مشابه آن به صورت ذهنی (بداهه‌خوانی) انجام گیرد.

مثال (۱)

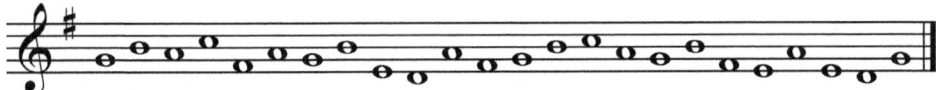

مثال (۲)

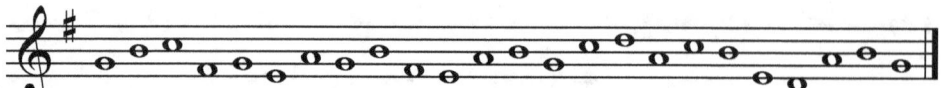

مثال (۳)

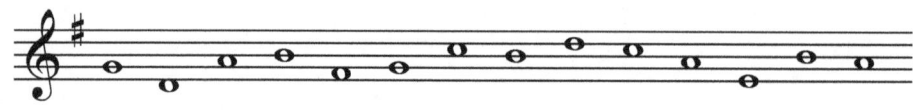

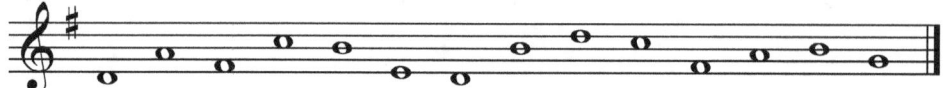

مثال (۴)

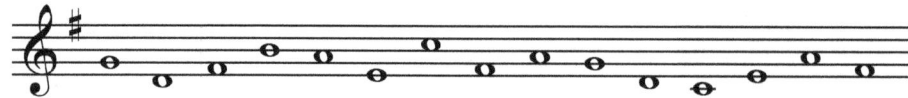

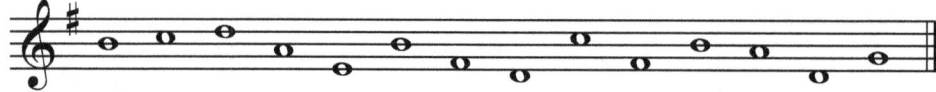

مثال (۵)

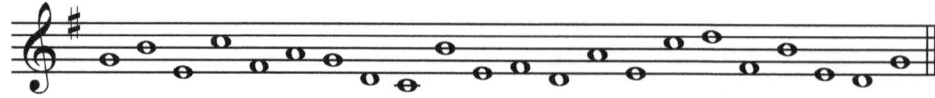

آن‌گونه که در مثال‌های ارائه شده می‌بینیم، برای حفظ موقعیت تنالیته سل‌ماژور، به هنگام سرایش ذهنی (بداهه‌خوانی) آنها، اصوات آغاز و پایان را صوت «تونیک» و نیز اصوات دوم و پیش از آخر را درجات سوم یا پنجم نسبت به «تونیک» تشکیل می‌دهد.

بنابراین توصیه می‌شود مورد اشاره شده در هنگام سرایش ذهنی (بداهه‌خوانی) نیز رعایت شود.

چنانچه اشاره شد، تمرینات ذهنیِ هرچه گسترده‌تر این بخش توسط فراگیرنده می‌تواند راهگشای درک آسان‌تر آنها (اصوات) از راه شنوایی برای وی باشد.

۵۷

خط اصوات در تنالیتهٔ «رمینور» (۱)

سرایش اصوات در تنالیته «رمینور»، چنانچه پیش از این نیز اشاره شد، نخست به صورت موقت با یاری جستن از «الگوی جاذبهٔ اصوات» ماژور نسبی آن یعنی «فاماژور» به آسانی ممکن می‌شود.

مثال: خط اصوات در تنالیته «رمینور تئوریک»

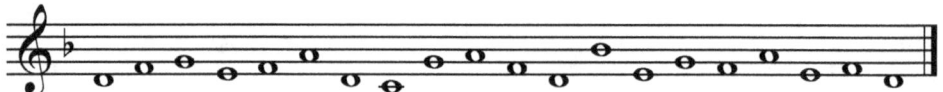

تمامی اصوات در مثال بالا (رمینور تئوریک) در واقع همان اصوات «تنالیته فاماژور» است. بنابراین، می‌توان با به کارگیری موقت «الگوی جاذبهٔ اصوات فاماژور» تمامی اصوات مثال فوق و نیز مثال‌های مشابه آن را به آسانی سرایش کرد.

اصوات در تنالیته «رمینور هارمونیک» نیز همانند «رمینور تئوریک» است ولی با این تفاوت که صوت درجهٔ هفتم «رمینور هارمونیک» به اندازهٔ نیم‌پرده افزایش می‌یابد. (یعنی صوت «دو» به «دودیز» تبدیل می‌شود).

چنانچه پیش از این نیز اشاره شد صوت «دودیز» را می‌توان به صورت موقت به مثابهٔ نت آلتره شده در تنالیته (فاماژور) تلقی نمود. در این صورت این صوت از طریق ردیف آلتره‌های دیز به آسانی قابل سرایش خواهد بود.

مثال: خط اصوات در تنالیته «رمینور هارمونیک»

(ردیف آلتره دودیز با حذف دوم)

تفاوت اصوات گام مینور «ملودیک» با گام مینور «تئوریک» در افزایش نیم‌پرده‌ای درجات ششم و هفتم این گام است که در مسیر بالارونده گام به کار گرفته می‌شود ولی در مسیر پایین‌رونده گام، درجات مذکور به حالت اول یعنی مینور «تئوریک» باز می‌گردند.

گام «رِ مینور» ملودیک به دو صورت بالارونده و پایین‌رونده

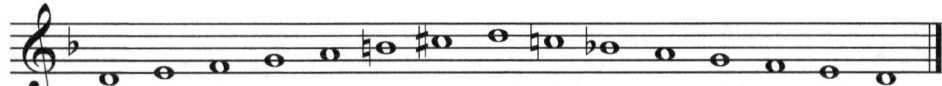

خط اصوات در تنالیته «رمینور ـ ملودیک»

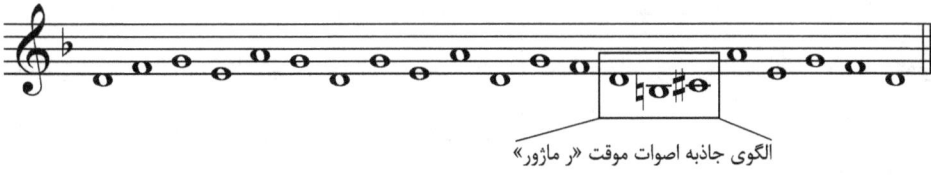

الگوی جاذبه اصوات موقت «ر ماژور»

برای سرایش آسان اصوات پی‌درپی (سی‌بکار ـ دودیز) در تنالیته «رمینور ملودیک» می‌توان در مقطع موردنظر، موقتاً از جاذبهٔ اصوات «رماژور» بهره گرفت و چنانچه پیش از این نیز اشاره شد، سرایش بقیه اصوات در تنالیتهٔ مذکور با استفاده از الگوی جاذبهٔ اصوات تنالیته ماژور نسبی آن یعنی «فاماژور» قابل اجراست.

۱۶۴ / روش نوین مبانی اجرای موسیقی

باتوجه به توضیحات ارائه شده در بخش «الگوزنی جاذبه اصوات در تنالیته‌های ماژور» استفادهٔ فراگیرنده از «الگوی جاذبه اصوات» ـ ماژورهای نسبی ـ برای سرایش اصوات منفصل در مینورها موقت است و نیاز به استفاده از آن تا زمان تسلط وی به سرایش انواع اصوات تنالیته‌های مینور خواهد بود.

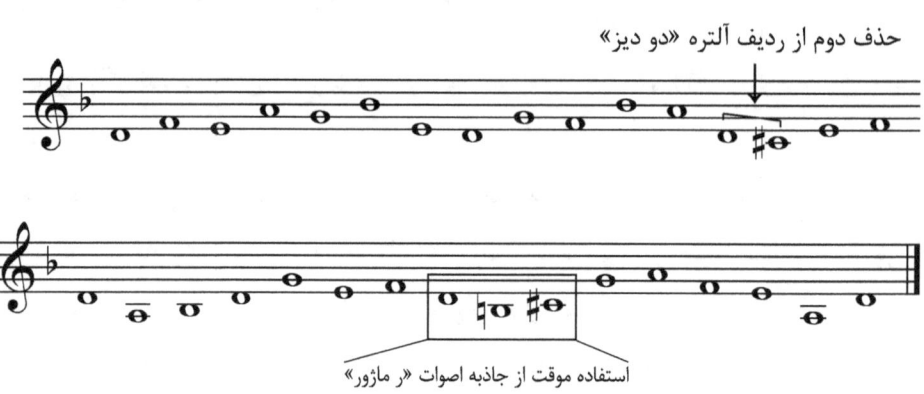

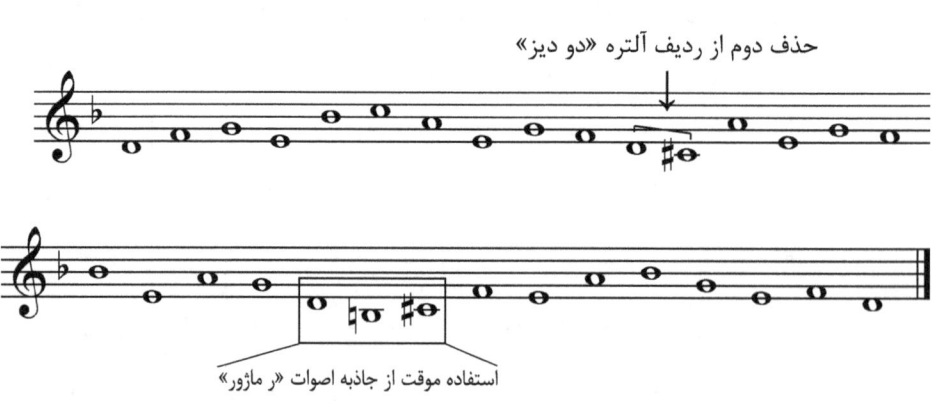

هریک از مثال‌های بالا نمونه‌هایی از خطوط اصوات «رمینور» با سه حالت «تئوریک»، «هارمونیک» و «ملودیک» می‌باشد که به عنوان نمونه برای تمرین سرایش فراگیرندگان ارائه شده است.

این تمرین لازم است به ترتیب در دیگر تنالیته‌های مینور بمل دار انجام شود.

۵۸
اصوات تنالیتۀ «دوماژور» روی خط ریتم (۲)

دست‌یابی فراگیرنده به بخش «اصوات تنالیته دوماژور روی خط ریتم (۱)» پیش‌نیاز این بخش می‌باشد.

خطوط ریتم ترکیبی بدون سکوت و با سکوت، مشابه مثال زیر را به صورت جداگانه می‌نویسم و هنگام وزن‌خوانی آنها بر هریک از اجزای ریتم، صوتی از اصوات تنالیته دوماژور را به دلخواه و به صورت بداهه همراه با ذکر اسم و سرایش صوت مربوطه، اجرا[1] می‌کنیم.

بدین‌ترتیب با نگاه به خط ریتم، یک ارتباط از راه بینایی و نیز با تجسم آنی اصوات در ذهن و قرار دادن فی‌البداهه آنها بر هریک از اجزای ریتم، یک ارتباط از راه ذهنی نیز برقرار می‌کنیم. این عمل در مجموع برای تقویت **تعامل بین قوای بینایی و ذهنی** فراگیرنده بسیار مؤثر و مفید است. با گسترش این تمرینات فرد می‌تواند به سرعت انتقال ذهنی خود کمک ارزنده‌ای بنماید.

لازم به تذکر است برای حفظ موقعیت تنالیته موردنظر پیشنهاد می‌شود اصوات آغازین و انتهایی در این تمرین را صوت «تونیک» از تنالیته مربوطه قرار داده و اصوات دوم و پیش از آخر را نیز همواره از درجات سوم و یا پنجم نسبت به تونیک، انتخاب کنیم.

نمونۀ خطوط ریتم ترکیبی بدون سکوت همراه با انتخاب اصوات از تنالیته دوماژور

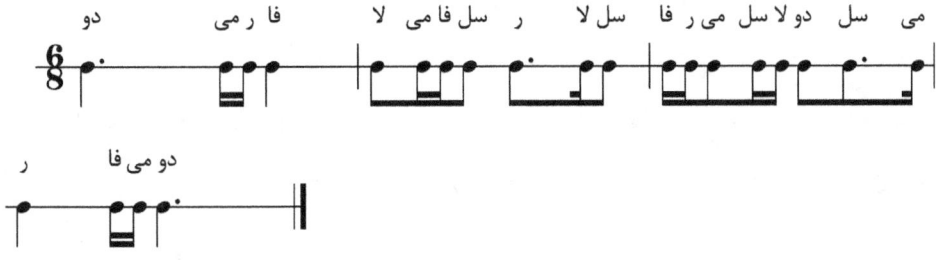

---

۱. وزن‌خوانی ریتم‌های نوشته شده همزمان با گویش اسامی و نیز سرایش ذهنی اصوات انتخابی از تنالیته دوماژور

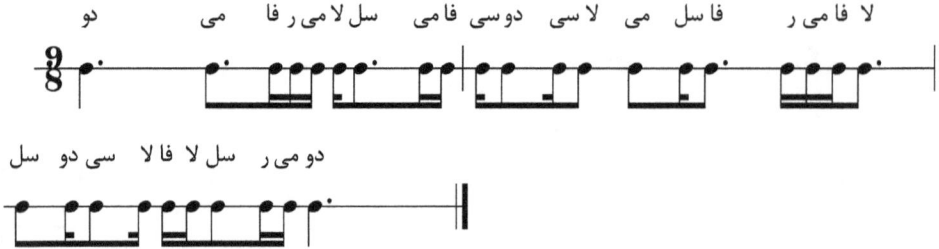

نمونهٔ خط ریتم ترکیبی با سکوت همراه با انتخاب اصواتی از تنالیته دوماژور

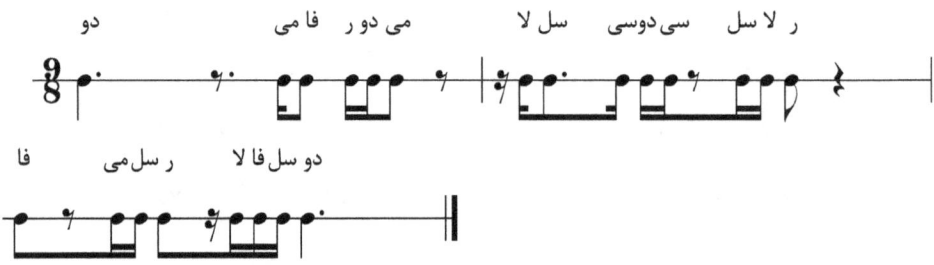

چنانچه پیش از این نیز اشاره شد، اسامی اصوات نوشته شده در بالای خطوط ریتم ارائه شده در اصل نوشته نمی‌شوند بلکه به صورت فی‌البداهه در ذهن انتخاب شده و بر روی اجزاء ریتم‌ها قرار گرفته و سرایش می‌شوند.

این تمرین لازم است به ترتیب در دیگر تنالیته‌های ماژور و متعاقبا مینورهای مربوطه نیز انجام شود.

| ۵۹ |

خط اصوات در تنالیتهٔ «می‌مینور» (۲)

دستیابی و تسلط فراگیرنده به بخش «اصوات در تنالیته می‌مینور (۱)» پیش‌نیاز این قسمت است.

اصوات از تنالیته می‌مینور اعم از متصل و منفصل (مشابهٔ نمونه‌های ارائه شده) را به صورت خط اصوات در وضعیت‌های گوناگون مانند: (تئوریک، هارمونیک، ملودیک) به صورت بداهه‌خوانی (ذهنی) سرایش می‌کنیم.

بدیهی است سرایش اصوات در حالات تئوریک، هارمونیک و ملودیک این تنالیته چنانچه در بخش‌های قبلی نیز توجیه شده است، با یاری جستن از سه کلید کار یعنی: الگوی جاذبهٔ اصوات ماژور نسبی آن (سل‌ماژور)، ردیف آلتره‌های دیز و جاذبهٔ موقت می‌ماژور مقدور می‌شود.

هدف این بخش تقویت تشخیص فعالانهٔ ذهن فراگیرنده نسبت به تمامی اصوات در تنالیته می‌مینور اعم از متصل و یا منفصل نسبت به یکدیگر و تونیک این تنالیته می‌باشد.

ضمناً، لازم به تأکید است که دستیابی فراگیرنده به مهارت، تسلط و فعالیت ذهنی هرچه بیشتر و دامنه‌دارتر در رابطه با تمرینات مذکور، راهگشای درک آسان‌تر آنها (اصوات تنالیتهٔ می‌مینور) از راه شنوایی وی نیز خواهد بود.

مثال‌های ارائه شده، نمونه‌هایی هستند که مشابه آنها لازم است توسط فراگیرنده به صورت ذهنی (بداهه‌خوانی) سرایش شوند. بنابراین توصیه می‌شود پیش از اقدام به موارد مقرر شده در این بخش برای آماده‌سازی ذهن، یکایک مثال‌های ارائه شده نخست، از راه بینایی (روخوانی) سرایش شوند و آنگاه سرایش مشابه آن به صورت ذهنی (بداهه‌خوانی) انجام گیرد.

مثال (۱)

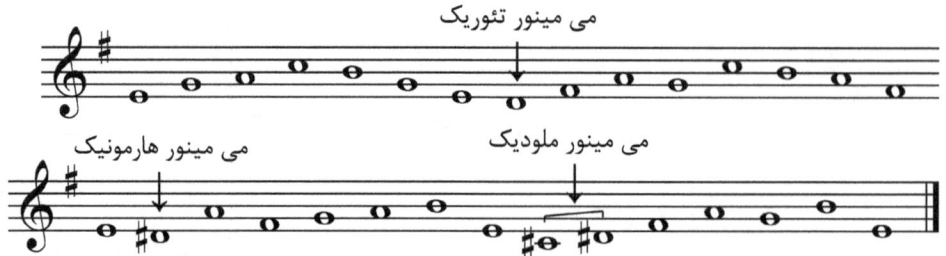

مثال (۲)

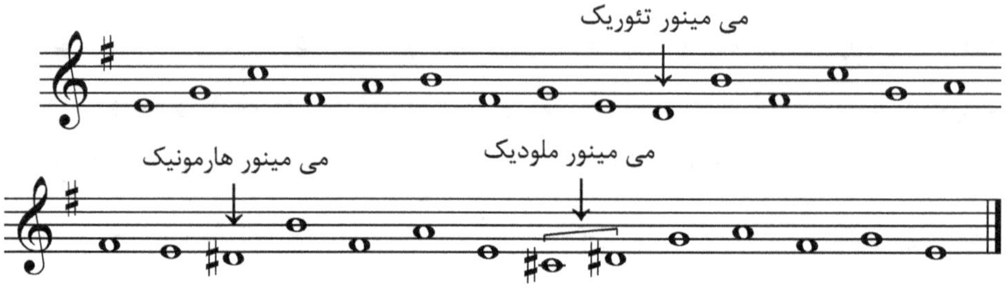

مثال (۳)

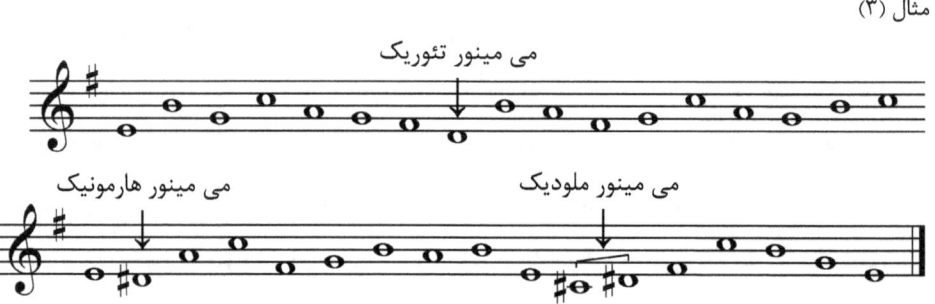

آن‌گونه که در مثال‌های بالا می‌بینیم، برای حفظ موقعیت تنالیته می‌مینور هنگام سرایش ذهنی (بداهه‌خوانی) آنها پیشنهاد می‌شود اصوات آغاز و پایان از تونیک و نیز اصوات دوم و پیش از آخر را درجات سوم یا پنجم نسبت به تونیک تشکیل دهد.

این تمرین لازم است به ترتیب در دیگر تنالیته‌های مینوردیزدار انجام شود.

۶۰

خط اصوات در تنالیته «فاماژور»

دستیابی و تسلط لازم به بخش «الگوی جاذبهٔ اصوات فاماژور» یعنی: تسلط بر سرایش حفظی جاذبهٔ ترتیبی و غیرترتیبی «فاماژور» پیش‌نیاز این قسمت است.

اصوات متنوع در تنالیته فاماژور اعم از متصل و منفصل (مشابهٔ نمونه‌های ارائه شده) را به صورت بداهه‌خوانی (ذهنی) سرایش می‌کنیم. بدیهی است امکان سرایش اصوات به صورت منفصل با کمک بخش «الگوی جاذبه اصوات فاماژور» مقدور خواهد شد.

تمرینات این بخش به تقویت تشخیص فعالانهٔ ذهن فراگیرنده نسبت به تمامی اصوات تنالیته فاماژور اعم از نوع متصل و منفصل و نیز سنجش موقعیت اصوات نسبت به یکدیگر و «تونیک»، کمک شایانی می‌کند. ضمناً، لازم به تأکید است که مهارت، تسلط و دستیابی ذهنی هرچه بیشتر و وسیع‌تر فراگیرنده در رابطه با تمرینات مذکور، راه‌گشای درک آسان‌تر آنها (اصوات تنالیته فاماژور) از راه شنوایی وی نیز خواهد بود.

مثال‌های ارائه شده نمونه‌هایی هستند که مشابه آنها لازم است توسط فراگیرنده به صورت ذهنی، بداهه‌خوانی شوند. پیش از اقدام به تمرین ذهنی (بداهه‌خوانی) موارد مقرر شده برای آماده‌سازی ذهن فراگیرنده، توصیه می‌شود نخست یکایک مثال‌های ارائه شده را فراگیرنده از راه بینایی (روخوانی) سرایش نماید و آنگاه سرایش مشابه آن به‌صورت ذهنی (بداهه‌خوانی) انجام گیرد.

مثال (۱)

مثال (۲)

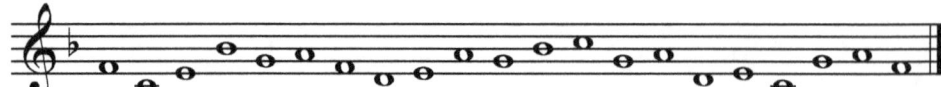

مثال (۳)

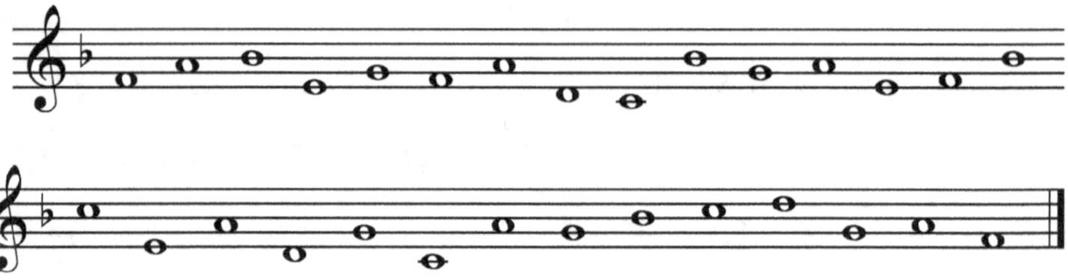

مثال (۴)

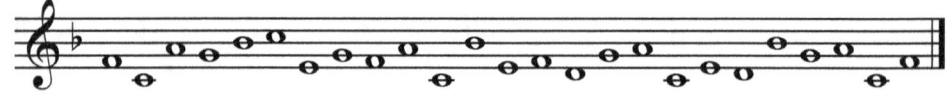

آن‌گونه که در مثال‌های ارائه شده می‌بینیم، برای حفظ موقعیت تنالیته فاماژور، به هنگام سرایش ذهنی (بداهه‌خوانی) آنها، پیشنهاد می‌شود اصوات آغاز و پایان از تونیک و نیز نت‌های دوم و پیش از آخر را درجات سوم یا پنجم نسبت به تونیک تشکیل دهد. بنابراین توصیه می‌شود مورد اشاره شده در هنگام سرایش ذهنی (بداهه‌خوانی) نیز رعایت شود.

چنانچه اشاره شد، تمرینات ذهنی هرچه گسترده‌تر این بخش توسط فراگیرنده می‌تواند راهگشای درک آسان‌تر آنها (اصوات) از راه شنوایی برای وی باشد.

این تمرین لازم است به ترتیب در دیگر تنالیته های بمل دار انجام شود.

۶۱

آلتره‌های «بکار» در تنالیته‌های «دیزدار» و «بمل‌دار»

پیش‌نیاز این بخش، تسلط لازم فراگیرنده به «ردیف آلتره‌های بمل و دیز» است.

بسیاری از اصوات آلتره شده در قطعات و آثار موسیقی از «بکار» شدن نت‌های «دیز» و یا «بمل» در تنالیته مربوط حاصل می‌شوند.

به عنوان مثال: وقتی که صوت «سل‌دیز» در تنالیته «می‌ماژور» نیم‌پرده به (بم) آلتره شده و به صورت «سل‌بکار» ارائه شود و یا صوت «می‌بمل» در تنالیته «سی‌بمل ماژور» نیم‌پرده به (زیر) آلتره شده و به صورت «می‌بکار» ارائه شود، این اصوات را «آلتره‌های «بکار» در تنالیته‌های دیزدار و بمل‌دار» می‌گوییم.

برای سرایش صوت آلتره‌ای که از «بکار» شدن دیز حاصل شود همانند روش «ردیف آلتره‌های بمل» و نیز برای سرایش صوت آلتره‌ای که از «بکار» شدن بمل حاصل شود همانند «ردیف آلتره‌های دیز» عمل می‌کنیم.

مثال: آلتره‌هایی که از «بکار» شدن بمل‌ها حاصل شده است.

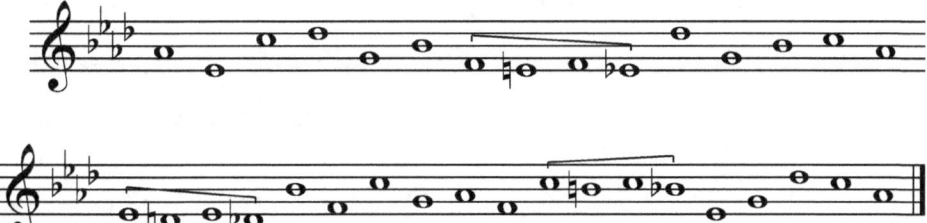

مثال: آلتره‌هایی که از «بکار» شدن دیزها حاصل شده است.

بدیهی است حذف ردیف آلتره‌های فوق بنابر رعایت موارد ذکر شده در بخش‌های «ردیف آلتره‌های دیز (۲)» و «ردیف آلتره‌های بمل (۲)» انجام می‌پذیرد.

۶۲

خط اصوات در تنالیتهٔ «رمینور» (۲)

دستیابی و تسلط فراگیرنده به بخش اصوات در تنالیته رمینور (۱)» پیش‌نیاز این قسمت است.

اصوات در تنالیته رمینور اعم از متصل و منفصل (مشابه نمونه‌های ارائه شده) را به صورت خط اصوات در وضعیت‌های گوناگون مانند: (تئوریک، هارمونیک، ملودیک) به صورت ذهنی (بداهه‌خوانی) سرایش می‌کنیم.

بدیهی است سرایش اصوات در حالات تئوریک، هارمونیک و ملودیک این تنالیته چنانچه در بخش‌های قبلی نیز توجیه شده است، با یاری جستن از سه کلید کار یعنی: الگوی جاذبهٔ اصوات ماژور نسبی آن (فاماژور)، ردیف آلتره‌های دیز و جاذبهٔ موقت رماژور مقدور می‌شود.

هدف این بخش تقویت تشخیص فعالانه ذهن فراگیرنده نسبت به تمامی اصوات تنالیته رمینور اعم از متصل و یا منفصل نسبت به یکدیگر و تونیک این تنالیته می‌باشد.

ضمناً، لازم به تأکید است که دستیابی فراگیرنده به مهارت، تسلط و فعالیت ذهنی هرچه بیشتر و دامنه‌دارتر در رابطه با تمرینات مذکور، راه‌گشای درک آسان‌تر آنها (اصوات تنالیتهٔ رمینور) از راه شنوایی وی نیز خواهد بود.

مثال‌های ارائه شده، نمونه‌هایی هستند که مشابه آنها لازم است توسط فراگیرنده به‌صورت ذهنی (بداهه‌خوانی) سرایش شوند. بنابراین توصیه می‌شود پیش از اقدام به موارد مقرر شده در این بخش، برای آماده‌سازی ذهن، یکایک مثال‌های ارائه شده نخست از راه بینایی (روخوانی) سرایش شوند و آنگاه سرایش مشابه آن به صورت ذهنی (بداهه‌خوانی) انجام گیرد.

مثال (۱)

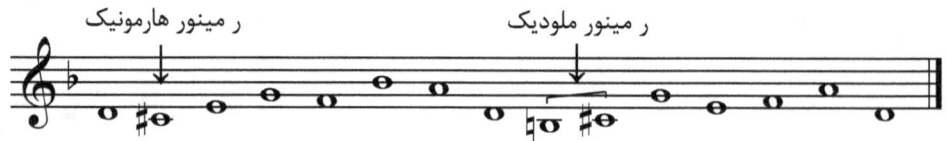

مثال (۲)

مثال (۳)

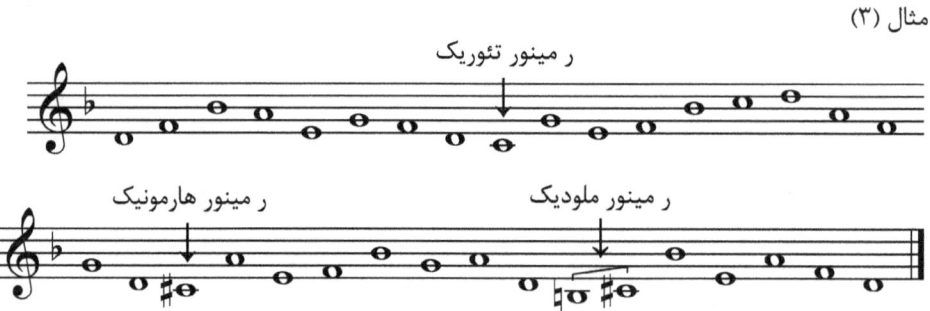

آن‌گونه که در مثال‌های بالا می‌بینیم، برای حفظ موقعیت تنالیته رمینور به هنگام سرایش ذهنی (بداهه‌خوانی) آنها، پیشنهاد می‌شود اصوات آغاز و پایان، از تونیک و نیز اصوات دوم و پیش از آخر را درجات سوم یا پنجم نسبت به تونیک تشکل دهد.

این تمرین لازم است به ترتیب در دیگر تنالیته های مینور نیز انجام شود.

۶۳

اجزای الگوهای ریتم (۲)

دستیابی و تسلط لازم بر بخش «اجزای الگوهای ریتم (۱)» پیش‌نیاز این قسمت است.

در این بخش اجزای هرچه کوچک‌تر الگوهای ریتم اعم از ساده، ترکیبی، بدون سکوت و باسکوت مورد بررسی قرار گرفته و سپس یکایک الگوهای ریتم تحلیل شده به صورت خط ریتم وزن‌خوانی می‌شود.

نمودارهای ارائه شده در این بخش به ترتیب، تقسیمات مرحله‌ای هر الگوی ریتم را به اجزاء کوچک‌تر در اشکال بدون سکوت و باسکوت نشان می‌دهد.

لازم به یادآوری است، با مدنظر قراردادن شکل اولیه یا الگوی پایگی هر ریتم، فراگیرنده می‌تواند به کمک آن تقسیمات کوچک‌تر را در اجزای هر الگوی ریتم دقیق‌تر اجرا نماید. بنابراین به عنوان مثال در صورت پیچیدگی و دشواری اجزای این الگوی ریتم ( ) لازم است فراگیرنده به ریتم پایه‌ای آن یعنی این الگوی ریتم ( ) مراجعه نماید و بدین ترتیب...

الف: نمودار اجزای الگوهای ریتم ساده بدون سکوت

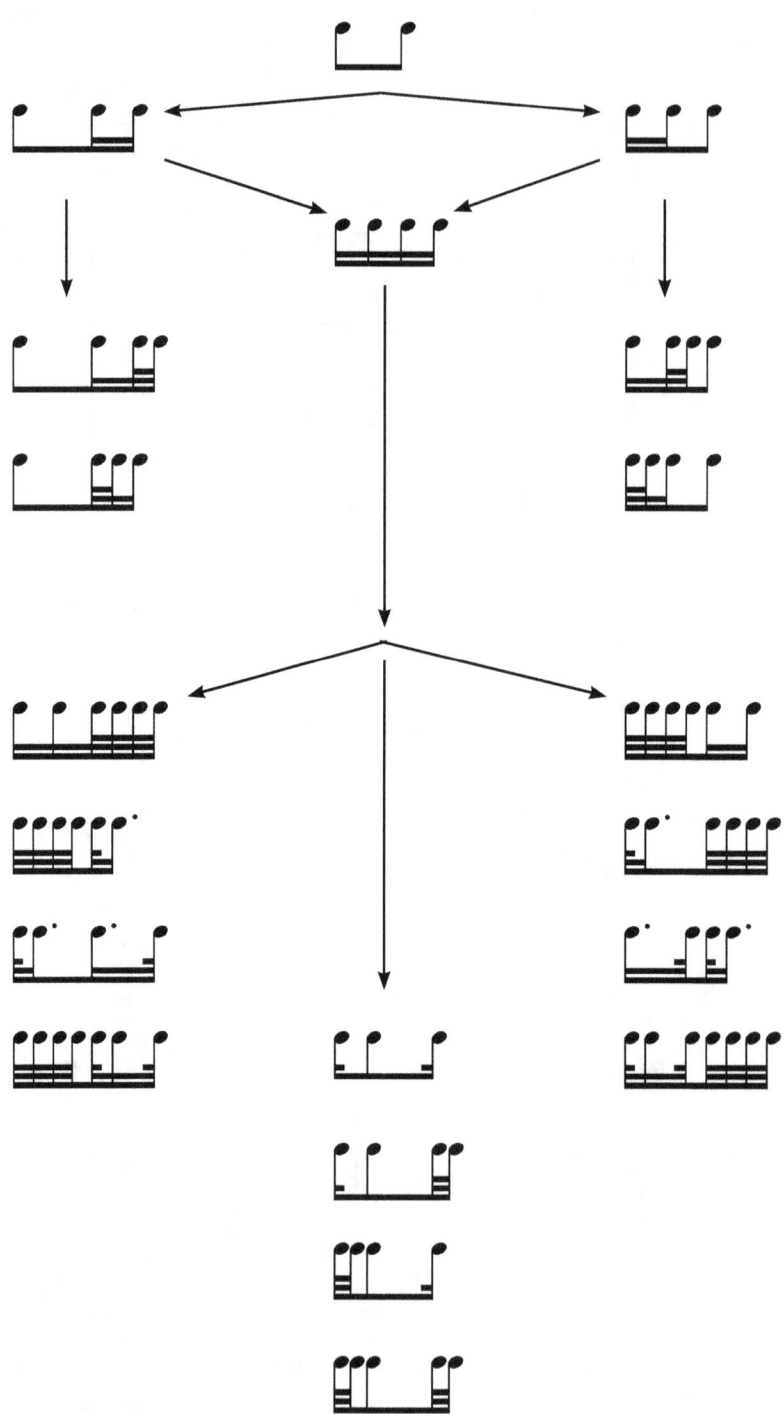

ب: نمودار اجزای الگوهای ریتم ساده با سکوت

۱۷۸ / روش نوین مبانی اجرای موسیقی

از کنار هم قرار دادن نمونه ریتم‌های ارائه شده در نمودارهای ساده بدون سکوت و با سکوت، خطوط ریتم ساده بدون سکوت و ساده با سکوت به عنوان مثال و برای تمرین در زیر نوشته شده است.

پ: نمودار اجزای الگوهای ریتم ترکیبی بدون سکوت

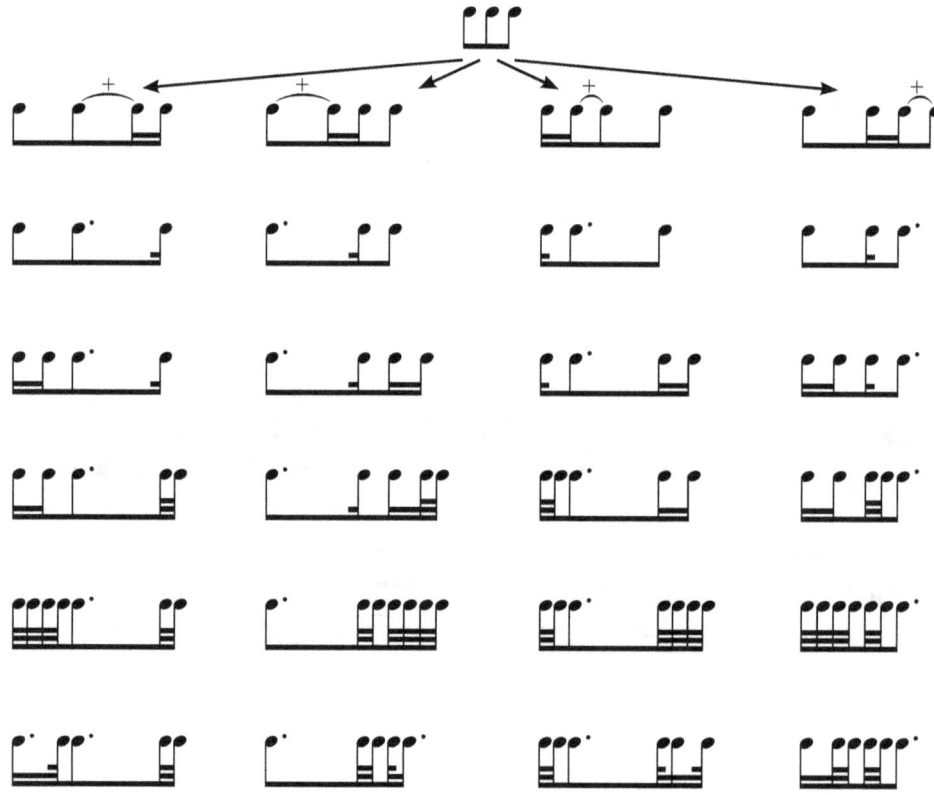

ت: نمودار اجزا الگوهای ریتم ترکیبی با سکوت

از کنار هم قرار دادن نمونه ریتم‌های ارائه شده در نمودارهای ترکیبی بدون سکوت و با سکوت خطوط ریتم ترکیبی بدون سکوت و ترکیبی باسکوت به عنوان نمونه و برای تمرین در زیر نوشته شده است.

۶۴

خط اصوات در تنالیتهٔ «دوماژور» (۴)

پیش‌نیاز این قسمت دستیابی فراگیرنده به توانایی‌های لازم بر بخش «خط اصوات در تنالیته دوماژور (۳)» است. تمریناتی که در این بخش ارائه شده است امکان تقویت درک شنوایی فراگیرندگان نسبت به اصوات در تنالیته دوماژور[1] همراه با آلتره‌های بمل و دیز را فراهم می‌آورد.

با فرود آمدن یک انگشت روی کلاویه سفید امکان حرکت متصل همان انگشت به دو کلاویه سیاه در مجاورت آن موجود است (غیر از کلاویه‌های فا ـ سی)[2] به عنوان مثال: هر آینه فرود یک انگشت روی یک کلاویه سفید، صوت «سل» باشد با حرکت متصل بالاروندهٔ انگشت به سمت کلاویه سیاه به صورت نیم‌پرده دیاتونیک صوت «لابمل»[3] و با حرکت متصل پایین‌روندهٔ انگشت به سمت کلاویه سیاه به صورت نیم‌پرده دیاتونیک صوت «فادیز» حاصل می‌شود.

با توجه به توضیحات اشاره شده، روال تمرینات برای درک شنوایی نسبت به اصوات آلتره‌های بمل و دیز در تنالیته دوماژور و سپس در دیگر تنالیته‌ها (تشخیص اسامی اصوات آلتره بدون نگاه کردن فراگیرنده به کلاویه‌ها) به شرح زیر خواهد بود.

تمرین الف) (بدون نگاه به کلاویه‌ها و تشخیص اسامی اصوات تنها از راه شنوایی)

۱. فرود یک انگشت روی یک کلاویه سفید و نواختن آن
۲. حرکت متصل همان انگشت به سمت یک کلاویه سیاه مجاور و نواختن آن
۳. حرکت منفصل (پرش) همان انگشت به یک کلاویه سفید دیگر و نواختن آن.

---

۱. تمرینات این بخش به تدریج در دیگر تنالیته‌ها نیز باید انجام شود.
۲. در مجاورت کلاویه‌های (فا ـ سی) تنها یک کلاویه سیاه وجود دارد.
۳. بنابر الگوی ردیف آلتره‌های بمل و دیز مقرر شده در این کتاب.

تمرین ب) (بدون نگاه به کلاویه‌ها و تشخیص اسامی اصوات تنها از راه شنوایی)

۱. فرود یک انگشت روی کلاویه سیاه و نواختن آن

۲. حرکت متصل همان انگشت به یک کلاویه سفید مجاور و نواختن آن

۳. حرکت منفصل (پرش) همان انگشت به کلاویه سفید دیگر و نواختن آن.

توضیح:

در تمرین «ب» لازم است دو مرحله ۱ و ۲ بدون وقفه به صورت پی‌درپی انجام پذیرد و پس از تشخیص اسامی نت‌ها مرحله سوم به اجرا گذاشته شود.

در پی ممارست فراگیرنده برای تمرینات اشاره شده در این بخش به منظور دستیابی وی به درک شنوایی لازم نسبت به اصوات آلتره شده (بمل ـ دیز) در تنالیته دوماژور، اکنون وی می‌تواند با فرود پی‌درپی یک انگشت روی کلاویه‌ها، (اعم از سفید و یا سیاه)، به صورت متصل و منفصل تمرینات شنوایی لازم را به انجام برساند.

تمامی مراحل این بخش برای تربیب شنوایی فراگیرنده لازم است به ترتیب در یکایک تنالیته‌های ماژور و در پی آن تنالیته مینور نسبی هریک از تنالیته‌های ماژور، با رعایت موارد مذکور، انجام پذیرد.

بدیهی است تداوم تمرینات شنوایی مذکور در دیگر تنالیته‌های ماژور (غیر از دوماژور) لازم است بنا بر دستوالعمل بخش «خط اصوات در تنالیته دوماژور (۳)» و مینورها باید توسط آموزش‌دهنده نواخته شده و متعاقباً فراگیرنده پاسخ لازم را ارائه نماید.

۶۵

اختلاط ریتم‌ها و اصوات موسیقایی (۳)

دستیابی فراگیرنده به توانایی‌های لازم بر بخش «اختلاط ریتم‌ها و اصوات موسیقایی (۲)» پیش‌نیاز این قسمت است.

چگونگی نوشتن ریتم‌ها همراه با اصوات موسیقایی (مشابه ملودی) و سپس سرایش آن توسط فراگیرنده، موارد این بخش را تشکیل می‌دهد.

نخست اصوات متنوع انتخاب شده از تنالیته موردنظر را در پی هم به صورت خط اصوات، طوری می‌نویسیم که صوت شروع و پایان، «تونیک» تنالیته مربوط و اصوات دوم و پیش از آخر از درجات سوم یا پنجم به تونیک تنالیته مربوط باشد.

لازم به تذکر است؛ در تمرینات آغازین از استفاده اصوات در پی هم با بیش از «فاصله چهارم[1]» پرهیز می‌نماییم.

مثال (۱)

اکنون به فراخور موقعیت[2] متصل و منفصل بودن اصوات نوشته شده، یکایک الگوهای متنوع از ریتم‌های ساده و متعاقباً ترکیبی اعم از بدون سکوت و باسکوت را بر روی اصوات مذکور

۱. از استفاده پرش‌های پنجم، ششم، هفتم و بیشتر، در آغاز تمرینات اجتناب شود.

۲. تقسیمات کوچکتر از اجزای ریتم روی فواصل متصل و تقسیمات بزرگ‌تر از اجزای ریتم روی فواصل منفصل نوشته می‌شود.

به صورتی قرار می‌دهیم. که الگوهای ریتم نوشته شده روی خط اصوات را بتوان به قطعات مساوی تقسیم و میزان‌بندی کرد.

مثال (۲) اختلاط الگوهای ریتم ساده بدون سکوت و اصوات موسیقایی

تمامی الگوهای ریتم انتخاب شده برای مثال (۲) از ریتم‌های ساده بدون سکوت می‌باشد که بر روی اصوات ارائه شده در مثال (۱) قرار داده شده است.

بدیهی است برای ریتم‌گذاری روی خط اصوات نوشته شده در مثال (۱) نیز می‌توان از الگوهای ریتم ساده با سکوت و ترکیبی بدون سکوت و باسکوت مانند مثال‌های زیر استفاده کرد.

مثال (۳) اختلاط الگوهای ریتم ساده باسکوت و اصوات موسیقایی

مثال (۴) اختلاط ریتم‌های ترکیبی بدون سکوت و اصوات موسیقایی

مثال (۵) اختلاط ریتم‌های ترکیبی باسکوت و اصوات موسیقایی

بنابر روش ارائه شده در این بخش، فراگیرنده خود می‌تواند اختلاط‌های بسیاری براساس اصوات متنوع در تنالیته‌های گوناگون با استفاده از آلتره‌های «بمل» و «دیز» و نیز نمونه ریتم‌های متفاوت اعم از ساده و ترکیبی از نوع بدون سکوت و با سکوت را نوشته و سپس اقدام به سرایش آن نماید.

برای سرایش خطوط مذکور باید نخست نسبت به وزن‌خوانی ریتم‌های آن همراه با گویش[1] اسامی اصوات به صورت همزمان، به دفعات لازم اقدام کرد. پس از این تمرین در مرحله بعد فراگیرنده تنها با سرایش اصوات خط موردنظر (بدون وزن‌خوانی ریتم‌ها) زمینه مطلوبی در ذهن خود نسبت به یکایک آنها (اصوات) فراهم می‌آورد. این تمرین نیز باید به دفعات لازم تکرار شود.

اکنون اختلاط ریتم‌ها و اصوات موردنظر که از ریتم‌ها و اصوات بررسی شده در ذهن فراگیرنده تشکیل شده است، به آسانی قابل سرایش خواهد بود.

چنانچه پیش از این نیز اشاره شده است بدیهی است، تمرینات این بخش لازم است به تدریج در دیگر تنالیته‌ها (اعم از ماژور یا مینور) نیز با استفاده از آلتره‌های بمل و دیز و رتیم‌های ساده و ترکیبی اعم از نوع بدون سکوت و یا باسکوت نوشته و سپس سرایش شود.

---

۱. تنها ذکر اسامی نت‌ها موردنظر است و نه سرایش صوت آنها.

به صفحه استاد شریف لطفی در انتشارات ما سر بزنید:

https://www.kphclub.com/sharif-loftfi

دنیای موسیقی

https://www.kphclub.com/music

این صفحه برای شما ساخته شده است

معرفی چند کتاب دیگر از انتشارات:

برای تهیه کتاب ها از آمازون یا وبسایت انتشارات می توانید بارکدهای زیر را اسکن کنید

kphclub.com

Amazon.com

Kidsocado Publishing House
خانه انتشارات کیدزوکادو
ونکوور، کانادا

تلفن : ۸۶۵۴ ۶۳۳ (۸۳۳) ۱+
واتس آپ: ۷۲۴۸ ۳۳۳ (۲۳۶) ۱+
ایمیل: info@kidsocado.com
وبسایت انتشارات: https://kidsocadopublishinghouse.com
وبسایت فروشگاه: https://kphclub.com

I0371627

www.ingramcontent.com/pod-product-compliance
Lightning Source LLC
Chambersburg PA
CBHW081306070526
44578CB00006B/813
9781989880555